基本のキホン

やさしい・かんたん

PRESENTATION

プレゼンテーション

編｜日本能率協会マネジメントセンター

はじめに

　仕事でなにかをなそうと思ったら、プレゼン*の技術向上は必ず必要になります。自分の目指すものを実現させるには、周囲を説得し、仲間にしていくことが求められるからです。

　自分が考えたアイデアを実現させる喜びは、社会人生活の醍醐味です。プロジェクトのスタートに携わる経験は、多く苦労をともないますが、きっと自分を成長させてくれるでしょう。最初の「相手に伝える」「協力してもらう」という部分でつまずかないための助けに、ぜひ本書を活用してください。プレゼンの基本さえ身につけられれば、楽しくてやりがいのある社会人生活が、あなたを待っています。

※本書では、プレゼンテーションのことをプレゼンと表記します

やさしい・かんたん プレゼンテーション

第 3 章

上手に伝えるにはコツがある

わかりやすい説明の基本ルール

※本書では、アプリケーションソフトの名称は正式名称ではなく通称で表記します
（例：Microsoft PowerPoint →パワポ）

第 **6** 章

視覚に訴えれば成功率大幅アップ

プレゼンの資料作成術

COLUMN

第 1 章

、プレゼンのイロハを学ぶ ／

準備する前に
知っておきたいこと

上手なプレゼンができるようになるには、まず
はプレゼンについて知ることが大切です。やみ
くもに資料作成をはじめるのではなく、効果的
なプレゼンには何が必要なのかを理解するとこ
ろからはじめましょう。ポイントを押さえれば、
最短でプレゼンが上達します。

プレゼンには2種類ある

● 職種や立場で異なるスキル

「プレゼン」といっても、実は**職種や立場によって求められるスキルは大きく異なります**。プレゼンについて書かれた書籍には、「たくさんの聴衆を」「熱狂的に行動させる」ためのものもありますが、これは入社したばかりの新人や、たくさんの人を前にプレゼンをする機会がない人には、とくに必要のないスキルです。

　プレゼンの技術向上のためには、自分がするプレゼンにはどのようなスキルが必要なのかを理解するようにしましょう。

職種や立場によって異なるスキル

新人 — 上司への報告

リーダー — プロジェクトの推進

営業 — 商品のアピール

企画 — この企画をやりましょう — 企画の承認を得る

●「報告型プレゼン」と「説得型プレゼン」

　自分のプレゼンに求められるスキルを理解するためには、自分が行うプレゼンが「**報告型プレゼン**」と「**説得型プレゼン**」のどちらに当てはまるのかを考えてみるといいでしょう。

　報告型プレゼンは、説明力が重視されるタイプのプレゼンです。「新人が担当しているプロジェクトの状況を説明する」「管理部が新しく導入するシステムの使い方を説明する」などの場面が当てはまり、プレゼン後にフィードバックをもらうケースもあります。

　一方の説得型プレゼンは、プレゼンにより相手を行動させることを目的に行うプレゼンです。「顧客に商品を購入してもらう」「上司に企画を承認してもらう」などの場面が当てはまります。説得型プレゼンではわかりやすい説明以外にも、相手の心を動かすスキルが求められます。

2つのプレゼンの型

報告型 プレゼン	【目的】 状況などの説明 【求められるスキル】 ・知識がない人にもわかりやすい説明 ・簡潔でスムーズにまとめる　　など
説得型 プレゼン	【目的】 聞き手に行動してもらう 【求められるスキル】 ・相手の心を動かす語り口 ・相手の心に響く理由づけ　　など

Point
☑ 自分がする**プレゼンのタイプ**を知る
☑ **報告型プレゼン**は、「相手に理解してもらう」のが目的
☑ **説得型プレゼン**は「相手に動いてもらう」のが目的

報告型プレゼンの失敗例

●「結局、何が言いたいの?」と言われる

「プロジェクトの状況」や「新しい社内ソフトの使い方」を説明する
などの報告型のプレゼンでは、**相手が理解できるように話す**ことが何
よりも大切です。簡単なように思えますが、余計な情報をつけ足して
しまったり、主観を話しすぎたりして相手に伝わらないことはよくあ
ります。

聞き手に「結局、何が言いたいの?」と思われてしまうようでは、
報告型プレゼンは失敗です。このようなプレゼンをしてしまうと、プ
レゼンが採用されないだけでなく、説明下手の人と認識され評価が下
がってしまう可能性があります。

相手に嫌な顔をされるパターン

今回のプロジェク
トはそもそも…

○○さんが△△△
と言っていたので
すが…

何が言いたいのか
わからない

この製品には○○
という技術が…

プレゼンに慣れていない人ほど、プレゼンを成功させようと余計な情報を話してしまい
やすいので、事前に練習するなどしておく

●「なんでそうなったの?」に答えられない

　プレゼン後に、「なんでそう思うの?」「それは違うんじゃない?」と質問されたときに、しっかりとした理由が答えられるようになったらプレゼン上級者といえるでしょう。逆に、「なぜ?」と聞かれて慌ててしまうようでは、聞き手からの評価は上がりません。

　プレゼン初心者のうちは、自分ではすぐに回答できない質問をされると想定しておき「確認次第回答いたします」などと、返答してもよいと自分に言い聞かせておきましょう。質問に答えられず慌てた様子を見せたり間違った回答をしたりするぐらいならば、回答を先延ばしにしたほうがまだマシです。

「なぜ?」にうまく答えられないのは、自分のなかで**プレゼンテーマの掘り下げが十分にできていない**からです。本書を読み進めれば、プレゼンのテーマについて深く掘り下げられるようになり、質問にも答えられるようになっていくでしょう。

質問に弱いパターン

どうしてそう思ったの?

えーっとですねー…

回答できない質問があっても慌てず対応する

Point
☑ 言いたいことが伝わらなければ、プレゼンは失敗
☑ 根拠が明確でなければ、相手は納得しない
☑ プレゼンテーマを自分のなかで掘り下げることが大切

説得型プレゼンの失敗例

● 「わかるけど、やるほどではない」と思われる

　相手の行動を促すための説得型プレゼンでは、理解してもらうだけでは不十分です。「内容はいいけど、この人に任せるのは不安」「理屈はわかるけど、あまり乗り気になれない」となってしまうと、上手に説明しても、相手は動いてくれません。また、**相手にどう動いてほしいのかを示す必要がある**場合もあります。

　4章では、相手を動かす話し方や伝え方を解説します。説明は問題ないのに相手に動いてもらえない場合は参考にしてみましょう。

理解したけど動いてもらえないケース

信頼不足

話はわかったけど、あの人に任せて大丈夫かな

共感不足

理屈はわかるけどやりたくないな

希望があいまい

やろう！でも私は何をしたらいい？

えーと…

相手の心が動いていなかったり、気持ちややる気が伝わらなかったりすると相手に行動してもらえない。また、相手にどう動いてもらうかまでイメージしてプレゼンをする必要がある

● いつも同じ人にダメ出しされる

　プレゼンをするときに、いつも同じ人に否定されていないでしょうか？　同じ人からのダメ出しが続くと、「あの人の性格が悪い」「あの人とは価値観が合わない」と、つい感情的になってしまったりするものです。しかし、他人を責めていては成長できませんし、相手は悪意があって否定しているわけではありません。ほとんどの場合、その人の基準にプレゼンが合致していないために、ダメ出しされてしまうのです。それを避ける方法のひとつとして、**相手を徹底的に分析するというやり方**が挙げられます。例えば、相手が財務的な側面を気にしているのに、そこを補足せずにいつも提案の意義だけを語っていれば、相手はその提案を否定するのは当然です。

　聞き手の気にしていることは、相手を分析すると見えてきます。その方法は本書の5章で紹介しているので、同じ人からのダメ出しに心当たりがある場合は、必ずチェックするようにしましょう。

毎回同じ相手が攻略できないケース

また
あの人か…

悪くないと
思うけど

こんなのじゃ通せ
ないよ！

相手が悪いと思っても
何もはじまらない。ま
ずは、相手の分析から
はじめてみる

Point

☑ 理解してもらうだけでは相手は動かない
☑ 相手にしてほしいことを示す必要がある
☑ 動いてもらうためには、**相手を知る必要がある**

プレゼンは誰が話すかが大切

● プレゼンで大事な3つの要素

　話し方全般にいえることですが、聞き手が受ける印象は誰が（人柄）・何を（内容）・どのように（伝え方）伝えるかによって決まります。当たり前だと感じるかもしれませんが、プレゼンに慣れてない人ほど、話すことばかりに気を取られて、**「誰が話すか」「どんな内容を話すか」「どのように話すか」が軽視されがち**です。

　どんなに洗練された内容でも、話し手の信頼性がゼロだったり、伝え方が悪かったりしては、プレゼンは失敗に終わってしまいます。最初のうちは自分のことで頭が一杯で余裕がないかもしれませんが、自分が相手にどう見られているか、相手を気遣った対応ができているかを意識することを心がけましょう

プレゼンの3要素

人柄	×	内容	×	伝え方
・普段からのふるまい ・その分野への適性・専門性 ・年次や役職、地位		・プレゼンで話す内容 ・話の構成や順番 ・何を話して、何を話さないか		・資料の見やすさ ・資料のわかりやすさ ・声や手振り、言葉の選び方

● 大きな影響をあたえる「話し手の信頼性」

「絶対にうまくいきます」という言葉を、いつも遅刻してばかりで、約束を守れない人が話していたらどのように感じるでしょうか？きっと信じてもらえないことでしょう。逆に、普段は口数が少ないものの、言われたことは実直にやり遂げるような人が「絶対にうまくいきます」と話していたら、信じてみようという気持ちになるはずです。このように、言葉があたえる影響は、**話し手の人柄によって大きく変わってくる**のです。

その点では、若手社員はベテランの社員とくらべて、プレゼンでは不利な状態にあります。それを踏まえてプレゼンの内容や伝え方をつくり上げるのはもちろん、普段のふるまいから意識していくことが必要になります。

話し手による印象の変化

しっかりとした印象の人が話すと、話している内容も信頼性があるように聞こえる

頼りなさそうな人が話していると、話している内容にも信頼ができなくなってしまう

Point
☑ プレゼンには「人柄・内容・伝え方」の３つが重要
☑ **信頼性**によって、受け取る印象は大きく変わる
☑ 若手社員は信頼性が低いので、対策が必要

おもしろいプレゼンに必須の "着眼点"

● 「知っていること」には興味を引かれない

　プレゼンの内容の良し悪しに大きな影響をあたえるのが、「聞き手の知らないこと」を伝えられるかどうかです。知っていることを延々と話されるのは、**聞き手にとって苦痛**でしかありません。「りんごはおいしいです」「空は青いです」と同じように、聞き手が知っていることを丁寧に説明してしまっていないでしょうか？　少なくともプレゼンの結論は、聞き手にとって新しく感じられるものにするように意識しましょう。

● 「そもそも興味がない」に注意

　知らないからといって、聞き手に価値があるとは限りません。「プレゼンをする製品の歴史」「製品の科学的価値」などは、興味がある人もまれにいますが、多くの人にとって必要のない情報です。**専門知識が豊富な人ほど情報を語りがち**ですが、相手がどんな情報を求めているかを理解し、プレゼンする内容を取捨選択することが求められます。

● いかに「新しい価値」を提供できるか

　多くの場合、聞き手が求めている情報は「自分の暮らしや仕事をよりよくしてくれる」提案です。「今まで知らなかったけど、こうすると楽になる」「気がつかなかったけど、こうすると得をする」といった情報にこそ、人は価値を感じます。そして、**価値を感じるからこそ**、プレゼンに真剣に耳を傾けてくれます。

プレゼンでは新しい価値を伝えよう

知っていることを伝える

 → おいしい食べ物だ

  そんなこと知っている　聞いて損した

興味ないことを伝える

 → 歴史のある果物だ

  別に知りたくない　今必要としていない

聞き手にとって有益なことを伝える

 → 豊かな暮らしを提供してくれる

  えっ、それって何？続きを聞かせてほしい

Point

☑ 聞き手にとって価値がない内容は NG
☑ 専門性がある人ほど、相手が興味のない話をしがち
☑「新しい価値」の提供が、プレゼンを優れたものにする

話す順番だけで
わかりやすさが変わる

● 理解しやすい順番がある

　伝え方で一番効果が出やすいのは、話の順番を意識することです。人は何も考えず話すと、自分が思いついた順番で話をしてしまいます。例えば、「経理作業に毎週2時間かかって、つらい（具体例）」「その時間がなければ、ほかの作業に時間が取れる（理由）」「経理システムを導入してほしい（結論）」のように具体例・理由・結論の順番で話してしまいます。

　聞き手が根気強く耳を傾けてくれるのであればともかく、この話し方は聞き手にとってよいものではありません。通常聞き手は**結論がわからなければ、「今は何の話をされているのだろう？」と混乱**してしまいます。先に結論を聞けば、「経理システムを導入すべきか」という頭に切り替えて話を聞くことができます。

話の順番とわかりやすさ

× 結論が最後

具体例		理由		結論
経理作業に毎週2時間かかって、つらい	▶	その時間がなければ、ほかの作業に時間が取れる	▶	経理システムを導入してほしい

○ 結論が最初

結論		理由		具体例
経理システムを導入してほしい	▶	その時間がなければ、ほかの作業に時間が取れる	▶	経理作業に毎週2時間かかって、つらい

● 相手が聞きやすいかを意識しよう

　大切なのは、自分という軸を離れて話す内容を考えることです。相手の反応を見ながら話したいからと**結論を先延ばしにして、説明の長いプレゼンは、相手を考えていないプレゼン**といえます。プレゼン内容は事前に告知されているはずなので、相手は結論から聞きたいと思うでしょう。

　結論から聞ければ、その後の説明を聞きながら採用の可否を検討することができます。結論がわからないまま説明しても、「何が言いたいのか？」と相手が思ってしまう可能性があります。

相手中心で考えよう

自分中心	相手中心

こんなことがあったんです

何の話？

大変でした

何から話すと伝わりやすいかな

自分中心の話し方では、聞き手に負担がかかってしまう

相手の理解しやすさを意識して、話し出す前に構成を考える癖をつけるとよい

Point

☑ **何も考えず話すと、自分が話したい順番になる**
☑ **結論から先に話すと、聞き手は理解しやすくなる**
☑ **相手中心で考えると、話の構成がうまくなる**

プレゼンのゴールを明確にしよう

● 何のためにプレゼンをするのか

どんなプレゼンにも必ずゴールがあります。報告型プレゼンであれば、相手に理解してもらったり、フィードバックをもらったりするのが目的です。説得型プレゼンであれば、「商品を購入してもらう」「企画を承認してもらう」「プロジェクトの熱心な協力者になってもらう」などのゴールがあります。プレゼンをするときには、**準備をする前に必ずゴールを明確に**しましょう。

プレゼンの目的

購入してもらう

買います

承認してもらう

よし、それでいこう！

協力してもらう

一緒にがんばろう

知ってもらう

なるほど！
そういうことか

● 相手にとってほしい行動を明確にしよう

　プレゼンのゴールが明確になってはじめて、その内容や話し方を決めることができます。**相手にしてほしい行動**から逆算して、プレゼンをつくり上げるようにしましょう。

　ゴールが明確であれば、プレゼンの最中にも、迷わずに自信を持って話し続けることができるでしょう。目的がはっきりしていれば、「相手にとって興味のない話を続けてしまう」「結論が伝わらない」といったミスが少なくなります。

　どんなプレゼンでも漫然と準備をはじめてはいけません。まずはプレゼンを通じてどんな結果を手に入れたいのかのゴールを具体的にイメージしましょう。

ゴールが決まれば計画しやすい

どのくらい売上が
見込めれば
承認してもらえるかな？

理解してもらうには
どういう順番で話そう？

どれくらい共感が
得られれば協力して
もらえる？

プレゼンのゴール（相手にしてほしい行動）が決まればプレゼンの内容が決めやすくなるだけでなく、プレゼン中も自信を持って話すことができる

Point

☑ 報告型プレゼンのゴールは、**理解してもらうこと**
☑ 説得型プレゼンは、**相手に動いてもらうことが目的**
☑ **ゴールを設定できれば、プレゼンの内容が決められる**

大事なのは相手を知ること

● 自分中心のプレゼンは失敗する

　どんなゴールを設定するにしても、**目的達成のためには聞き手の理解が欠かせません**。しかし、プレゼンに関しては、まるで自分の作品であるかのように考えてしまう人がいます。こうした「自分中心」のプレゼンでは、「自分が頑張ったこと」「自分が得意なこと」が中心に語られます。そのようなプレゼンは、聞き手の努力によってしか成立しません。とくに若手社員のように立場が弱く、専門性がない人にとっては、絶対にやってはいけないプレゼンだといえます。

自分中心のデメリット

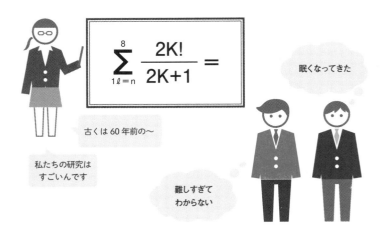

$$\sum_{1\ell=n}^{8} \frac{2K!}{2K+1} =$$

古くは60年前の〜

私たちの研究は
すごいんです

眠くなってきた

難しすぎて
わからない

相手のことを一切気にせず、自分の得意分野を自分のペースで話すのはやめよう。
聞き手は興味がないうえに、理解できずに時間を無駄にしてしまう

● 相手中心だと納得してもらえる

目標を達成するために必要なのは、相手中心に考えることです。聞き手に理解してもらったり、動いてもらったりするためには、相手の理解が欠かせないからです。「自分中心」のプレゼンから、「相手中心」のプレゼンへ変化できるかが、ゴールへ到達できるかどうかの重要なポイントです。

相手を分析する方法の詳細は5章で解説しますが、**内容・構成・話す速度・資料などを、相手に合わせて考える**ことが重要です。面倒だと感じる人もいるかもしれませんが、結果的に効率がよくなる場合もあります。相手中心に考えると正解が決まるため、プレゼンの準備が意外とスムーズに進みます。発表中も意識が相手に向くため、緊張しにくくなるという効果もあります。

相手中心に考えるポイント

内容	相手の好み、価値観に合っているか？
構成	相手が理解しやすい順番か？
話す速度	相手の理解が間に合うか？
プレゼン資料	相手が見やすいか？
難易度	相手の知識で理解できる内容か？
結論	相手が聞きたい結論か？

Point
- ☑ 「頑張ったこと」や「得意なこと」ばかり話すのは NG
- ☑ **相手中心**でプレゼンを考えると成功しやすくなる
- ☑ **意識を相手に向ける**と、本番で緊張しにくくなる

考えをまとめる時間を長く取る

● いきなり資料をつくってはいけない

プレゼンの準備をするときに、いきなりパワポなどの資料作成ソフトを開いていないでしょうか? 準備を早く終わらせたいからといって、プレゼンの内容作成と資料作成を同時におこなってはいけません。内容も資料も、**結果を出すプレゼンのためにはこだわらなければならない要素**です。ゴールから逆算して(20 ページ)プレゼンをつくるのであれば、一緒にまとめて作業することはできません。

また、同時につくると、途中での修正が難しくなります。ほとんど出来上がってしまった状態で、「違う内容のほうが説得しやすいな」と思っても、実際はそのままにしてしまう人が多いでしょう。クオリティを上げるためには、まずは内容をつくり上げるところからはじめるようにします。

● 自分と相手に向き合おう

資料をつくる前にやることは、実は山のようにあります。大体の場合、自分の頭の中にある情報が足りておらず、整理もできていません。プレゼンの**テーマに関する知識を洗い出し**、**整理する時間が必要**になります。また、自分がプレゼンで何を伝えたくて、聞き手にどうなってほしいのかを見つめなおすことも大切です。

自分側の掘り下げに加えて、相手を知る必要もあります。「相手が何を聞きたいのか」「どう訴えたら相手に響くのか」を分析し、自分の伝えたいことと照らし合わせるのです。これらのステップを経て、ようやく資料準備に取りかかれるようになります。

ダメなプレゼン準備の例

❶パソコンを開く

内容を考えはじめる前に、資料作成ソフトを開くのは避けるようにしよう。「プレゼン準備を早く終わらせる」という意識で進めてしまうと、本番で失敗し、準備した時間がムダになってしまう

早く終わら
せよう

❷内容作成と資料作成を同時に行う

効率化を求めて、資料作成と内容作成を同時進行すると、途中から修正ができなくなってしまううえ、内容のクオリティが下がる

根拠はこれ
でいいか

❸そのまま発表する

内容が薄く、相手中心で考えられていないプレゼンは、相手に響かない。自分も内容を理解しきれていないため、質問にも対応できなくなる

ヤバい
響いてなさそう

パワポを開く前にすること

| 自分の伝えたいこと | ＋ | 相手の分析 相手の聞きたいこと |

↓

プレゼン内容作成

Point

☑ **最初にパワポなどの資料作成ソフトを開かない**
☑ **内容を突きつめるところから、はじめる**
☑ **自分の言いたいことと相手の特徴を照らし合わせる**

プレゼンで必要な能力も
世代ごとにレベルアップ

　プレゼンで最低限必要となる能力は、世代ごとに変わります。新入社員はまず「自分の考えを伝える能力」が不可欠。若手社員ならデータを分析して相手を納得させる「相手を説得する能力」も必要です。中堅社員になれば、大きな視野でシナジー効果などを考慮しながら「プロジェクトを構築する能力」など、年代ごとにプレゼンで求められる能力もレベルアップしていきます。

　また、職種や業務内容によっては、世代別に必要な能力だけでは足りない場合があります。たとえば営業職の新入社員なら説得型プレゼンを行うために説得力が必要ですし、プロジェクト構築力もあれば理想的です。自分の世代や職種、業務によって必要な能力が何かをチェックして、身につけていきましょう。

世代別にプレゼンで最低限必要になる能力

新入社員
自分の考えを伝える能力

若手社員
相手を納得させる能力

中堅社員
プロジェクト構築力能力

業務内容によってプレゼンの型も変わる

営業職：営業活動では説得型が、日報などは報告型の能力が必要

開発職：分析の報告は報告型、開発の承認には説得型が必要

人事職：考査の通知は報告型、採用プランは説得型が必要

対外向けの企画提案など、世代別に求められる最低限のプレゼンスキルだけでは足りない場合、スキルを持つ年長者に助力を求めて内容を補完することも大事

第 2 章

\ プレゼン成功への第一歩！ /

自分の考えを
整理する方法

響くプレゼンをするためには、内容について考える時間が大切です。「プレゼンの内容が思いつかない」「質問にうまく答えられない」というときは、深く考える、頭を整理するといったことができていないと考えられます。プレゼン前に思考する習慣を身につけましょう。

理解できていないと
説明できない

●「やる意味ある?」に答えられるか

プレゼンは聞き手に理解してもらったり、納得して動いてもらったりするためにおこないます。そのためには、まず自分がプレゼン内容を理解し、納得する必要があります。**自分が心から理解できていなければ、相手に理解してもらうことはできない**からです。

当たり前のように感じてしまうかもしれませんが、プレゼンに関しては、自分のプレゼン内容について深く理解できていない人がたくさんいます。発表後に「それ、やる意味ある?」と聞かれて、自信がなくなってしまうのは、自分が理由に納得できていないのです。

理由に自信を持ってプレゼンできるようになれば、プレゼンの成功率は上がります。そのためには、自分の考えを整理し、深める時間をつくりましょう。

考え抜かないと伝わらない

質問されたときに答えられないのは、考える習慣がないか、内容を考える時間が取れていないかのどちらか。プレゼン前に考えを掘り下げる時間を取るようにしよう

• 強い理由が相手を動かす

　時間をかけずにプレゼンを準備しようとすると、「なんとなくそれっぽい理由」が並んだ、相手が動かないプレゼンになってしまう可能性が高くなります。よく考えると論理的でなかったり、根拠が弱かったりしても、プレゼンの準備を終わらせることを目的としてしまうと、そのまま進めてしまい、不完全な状態でプレゼン本番を迎えてしまうのです。プレゼンを成功させたいのであれば、**しっかりと準備する時間をつくって、「強い理由」を見つける**ようにしましょう。「行動するメリット」や「行動しないデメリット」が明確であれば、それは相手が動く理由になります。

　仮に時間をかけずに準備したプレゼンが採用されたとしても、あなたの今後のためにはなりません。一方、プレゼンが採用されなくても、プレゼン成功のためにあなたが一生懸命努力したことは今後必ず役に立ちます。

「強い理由」と「弱い理由」の違い

弱い理由
・論理的に矛盾を感じる ・行動する動機として弱い →聞き手が納得できない

強い理由
・論理的に正しい ・行動するメリットが明確 →聞き手が納得しやすい

その理由が「強い理由」か「弱い理由」かは内容を見直せばあなた自身で判断できる。準備の時間を確保しプレゼンに備えること

Point

☑ 考えが足りないまま準備すると、失敗しやすくなる
☑ 自分で理解・納得することが成功には必要不可欠
☑ 誰もが納得できる「強い理由」がプレゼンには必要

考える習慣をつくる「仮説思考」

● プレゼンに入る前のトレーニング

いつもあまり考えずに動いているので、理由を考えるのが苦手だという人がいます。そんな人は、**普段から「理由を考える」トレーニングをしてみる**といいでしょう。相手に納得してもらうためには、論理的でその人に響く理由が必要です。人によって納得するポイントが異なるために、相手を説得したいような場面では３つぐらいの理由を挙げることが求められます（64ページ）。そのため、**どんなテーマでもたくさんの理由を思いつける**とプレゼンが楽になります。普段から思考のトレーニングをしたうえで「思考を掘り下げる」作業をし、次に「聞き手の考えを理解する」作業をすることで、スムーズにプレゼンの内容をつくり上げられるようになります。

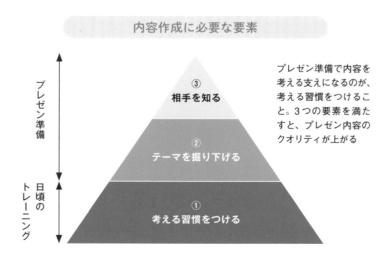

内容作成に必要な要素

プレゼン準備

③ 相手を知る

② テーマを掘り下げる

日頃のトレーニング

① 考える習慣をつける

プレゼン準備で内容を考える支えになるのが、考える習慣をつけること。３つの要素を満たすと、プレゼン内容のクオリティが上がる

•理由を考える癖をつくる

普段から行うトレーニングとして、常に理由を考えてみるという方法が挙げられます。例えば、なぜ自分はこの行動をしたのか理由を明確にして、「自分は○○だからこうした」などと理由を言語化できるようにします。

「自分の行動には理由がないときもある」と不安になるかもしれませんが、心配は不要です。理由を考える能力が不足し言語化できていないだけです。人間の行動には必ず理由があります。**普段から理由を考えるように意識すると、自然と行動の理由を言語化できる**ようになります。自分以外のことに関しても、理由を考えてみるのもおすすめです。「あのカフェが流行っている理由」「あの時間帯に道路が混んでいる理由」など、いろいろな物事について理由を考えてみましょう。理由は複数思いつけるのが理想的です。

常に理由を考えてみる

自分のこと

自分がこの順番で仕事をしようと思ったのは○○だから

周りのこと

Café

あのカフェが人気なのは○○だから

Point

☑ 考える習慣をつけると、プレゼンの質が上がる
☑ 自分の行動の理由づけからしてみる
☑ 周囲の行動の理由も考えてみる

「なんでそう思った?」を深掘りしよう

● 思いつく限り書き出してみる

　普段から理由を考えるトレーニングを積み、思考力が鍛えられたら、いよいよプレゼンの内容作成に入りましょう。まずは自分が主張したいことの理由（根拠）を書き出していきます。例えば、プレゼンで「A案に決定したほうがよい」ということを伝えたいのであれば、その根拠を書き出していきます。**あとから整理するために、付せんに一枚一枚書いていく**といいでしょう。

　この段階では、理由がきちんとしているかどうかは気にしなくて大丈夫です。思いつく限りの根拠を書き出していきましょう。少ししか思いつかないときも、あきらめずにじっくり考えることが大切です。

付せんに書き出してみる

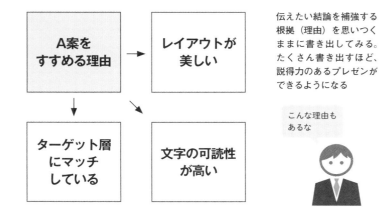

A案を すすめる理由	→	レイアウトが 美しい
↓	↘	
ターゲット層 にマッチ している		文字の可読性 が高い

伝えたい結論を補強する根拠（理由）を思いつくままに書き出してみる。たくさん書き出すほど、説得力のあるプレゼンができるようになる

こんな理由も
あるな

• 理由の根拠を書き出してみる

　弱い理由があれば、さらにそれを補足する根拠（理由）を書き出していきます。最初のうちは、すべての理由についてなるべく多く書き出しましょう。質問されたときにすぐに答えられないのは、この「理由の掘り下げ」ができていないからです。さきほどの例であれば「ターゲット層にマッチしていると考えたのはなぜ？」と、さらに根拠を深掘りしていきます。そこで出た根拠に対して、「起用した有名人が若者に人気なのはなぜ？」と**掘り下げを繰り返していく**と、自分のなかでそのテーマに関する**知見が集積していきます。**

　掘り下げが十分にできていれば、「理由は○○です。△△という根拠があります」と、自信を持って答えられるようになります。自分に向かって「なぜ？」を繰り返してみましょう。

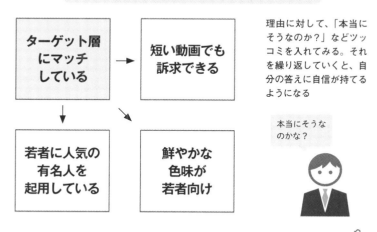

理由をさらに掘り下げる

理由に対して、「本当にそうなのか？」などツッコミを入れてみる。それを繰り返していくと、自分の答えに自信が持てるようになる

本当にそうなのかな？

Point
☑ テーマの根拠に対して、**理由の掘り下げをしよう**
☑ **付せんに思いつく限り根拠を書き出してみるとよい**
☑ 理由に関しても、**「なぜ？」を繰り返して深掘りする**

「ほかの人はどう考える?」を予想してみる

● 自分の頭だけだと限界がある

理由を書き出していくうちに、「もう思いつかない」と手がとまってしまうこともあるでしょう。あまりに思いつかないことにがっかりしてしまい、「この案はダメなのかもしれない」と思ってしまうかもしれません。もう少し考えればさらに理由が出てくるかもしれませんが、「それが今、自分の頭の中にあるアイデアのすべてである」と一度受け入れましょう。今ある理由だけで相手に納得してもらえなさそうであれば、まずは**自分の頭の中にある情報だけでは足りない**ということを自覚すべきです。そして、自分の頭の中だけでは限界を感じたり、不足したりしているなら、外部から知識を取り入れましょう。具体的な方法として下記の2つを紹介します。

● ほかの人に聞いてみる

同僚や上司、友人や家族の意見を聞いてみると、自分では思い浮かばなかったようなアイデアが見つかる場合があります。とくに自分とはバックグラウンドが異なる人からは、斬新なアイデアが出てきたりするものです。

実際に話を聞けなくても、「あの人だったらどう考えるだろう?」と**他人の視点に立って考える**ことでも新たなアイデアが出てくる可能性があります。「お客様の立場だったらこう思うな」「あの敏腕プロデューサーだったら、こんなことを言いそう」など、視点を自分から切り離してみて、他人の言動を想像してみることで、いつもと違った切り口で考えられるようになります。

● 知識を取り入れてみる

　理由が思いつかないのは、単純にプレゼンの**テーマに関する知識が少ない**からかもしれません。「そのテーマにかかわる人はどんな人か？」「そのテーマと同じようなケースはどれくらいあるか？」など、テーマに関してあらためて見直してみたり関係する情報を調べたりしてみましょう。思いがけないところに、自分のプレゼンを助けてくれるような理由が見つかるかもしれません。とくに最初のうちは、プレゼンの準備や本番で話すことに意識が向きすぎてしまい、今ある自分の知識だけに頼ってしまいがちなのでおすすめです。

視点の切り替えの重要性

同じ物事も、視点を変えれば全く違うように見える。ひとつの考えに固執せず、柔軟に見方を切り替えられるようになろう

Point

- ☑ **テーマに関する知識**を取り入れるようにする
- ☑ ほかの人の意見を聞くのも有効である
- ☑ 「他人だったらどう考えるか」をイメージしてもよい

「理由」「具体例」を分別する

● ざっくりと仕分けしてみる

結論の根拠をたくさん書き出したら、次は整理をしていきます。まずは書き出したものを、グループ分けしてみましょう。付せんの中には、同じようなことをいっているものがいくつかあるはずです。例えば、「ターゲット層に訴求できる」と「○○さんがよいと言っていた」は、○○さんがターゲット層であれば同一の内容です。

グループ分けは、ジャンルごとに分けることもできます。コスト・クオリティ・マーケティングなど、書き出したもののジャンルを分類すると、それぞれの共通項がわかりやすくなります。

● 抽象度で分類する

グループに分け終わったら、書き出したものを「理由」と「具体例」に分類します。書き出した理由の中には、抽象的なものとそうでないものがあるはずです。例えば、「コストが安い」「制作会社への支払いが200万で済む」という2つでは、「コストが安い」のほうが抽象的で、「制作会社への支払いが200万で済む」のほうが具体的な理由になります。

聞き手にとってはいきなり具体的な話をされるよりも、**抽象的な話から入ったほうが理解しやすく**なります。「A案がよい」という主張に対して、「制作会社への支払いが200万で済む」と言うよりも、「コストが安い」と言ったほうが伝わります。本人にとっては理解できても、具体的すぎると聞き手にとっては、その情報が何を意味するかわからなくなってしまうのです。

•理由と具体例をつなげる

次に、理由と具体例の間に論理的なつながりがあるかを見てみましょう。

具体例が単体としては伝わりにくいものの場合、「ターゲット層に訴求できる。ターゲット層と同年代の○○さんもよいと言っていた」と**抽象的な「理由」を補足するのも効果的**です。また、「コストが安くなる。制作会社への支払いも 200 万で済む」と結論とそれによる効果などをセットで伝えてみましょう。そうすることで、より説得力のある理由にすることができるでしょう。

付せん整理の例

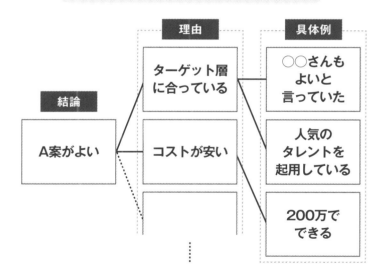

Point
☑ 付せんを整理して、**グループ分けする**
☑ **理由と具体例に分類する**
☑ 理由と具体例をつなげることで**説得力が生まれる**

「事実」と「推測」を切り分ける

● 理由はできるだけ客観的にする

聞き手を説得するときに、理由はできるだけ客観的であることが求められます。「A案がよいと思う」という結論は、あくまでも話し手の主観になります。それを「なぜなら、自分がいいと思ったから」「なぜなら、成功すると思うから」と**さらに主観で補完しても聞き手は納得しません。**

相手に響くようなプレゼンには、客観的な事実が必要なのです。あなたが考えた理由に客観性があるかどうか、自分で確認したり周りの人に確認してもらったりしましょう。

● 付せんを分類・修正する

書き出して分類した理由と具体例を、さらに「事実」と「推測」に区別してみましょう。事実が多ければ多いほど、聞き手を説得しやすくなります。

推測が多い場合は、それを補足する客観的な事実を探しましょう。一番わかりやすいのは、数字やデータです。「アンケートによると、若者の△割が○○を支持している」「若者世代に向けた商品が、○○%のシェアを誇っている」など、統計データや市場データは、聞き手に伝わりやすい根拠になります。「○○という人が多い」と付せんに書いていたのであれば、データを調べて「○○という人が全体の7割」といった具合に書き直します。

数字やデータがあれば、プレゼン本番も自信に満ちた姿勢でのぞむでしょう。

● 推測と認めることが大切

推測を話していけないということはありません。しかし、**推測を話す場合は、事実と混同しない**ように注意しましょう。

事実のように推測を語ると、聞き手に事実と勘違いされてしまう可能性があります。実際にやってみようとして、推測だったのでできませんという結果では相手からの信頼がなくなります。根拠となるデータがない場合は、「あくまで推測ですが〜」「〜○○の事例から△△ということが考えられます」と推測であることを明らかにしましょう。推測を話す場合は、「私の考えでは○○」や「○○と考えます」などと事実ではなく推測であることをわかりやすく伝えます。

聞き手に響く「客観的事実」

推測	客観的事実
○○という人が多い	○○という人は全体の7割

本当かな？

聞き手

そうなんだ

聞き手

根拠が推測にもとづいていると、聞き手は事実関係が気になってしまう。数字が示されなければ、論理的に正しくても、聞き手は重大な決断ができない

数字が示されると、聞き手は安心できるため、プレゼンに集中できるようになる。決断の決め手になることもあるため、できるだけ数字を用意しよう

Point

☑ 結論は主観にもとづくので、理由には客観性が必要
☑ 書き出した付せんを事実と推測に分類する
☑ 事実が少ない場合は、推測を補強するデータを用意

「伝えたいこと」を
再確認する

● 整理した付せんを見直してみよう

　ここまでの作業を終えたら、あらためて書き出した付せんを確認してみましょう。自分が伝えたいと思ったことが「結論」「理由」「具体例」として論理的に並んでいるでしょうか？　プレゼンにおいては、何をどう話すのかというテクニックも大切ですが、**「話し手が伝えたいことがある」**というのも重要な要素です。話し手の情熱がなければ、プレゼンはつまらないものになってしまいます。きちんと自分が伝えたかったことが書き出せているのか、このタイミングであらためて考えるようにしましょう。不足があれば、書き足すようにします。

● 理由に優先順位をつける

　次に、理由に優先順位をつけてみましょう。理由がたくさんあるのは「テーマへの理解が深い」という面でよいことですが、メリハリがついていないと効果が薄れてしまいます。例えば、「なんでA案がよいと思うの？」と聞かれたときに、「ターゲット層にマッチしている」「レイアウトが美しい」「コストが抑えられる」「可読性が高い」など、淡々と理由を列挙すると相手はどう思うでしょうか？　おそらく、「結局、言いたいことは何？」と聞き返されてしまうでしょう。

　伝える理由は多くても、3つに絞るべきです。状況によっては、1つだけを伝えたほうがよい場合もあります。理由が増えるほど相手には気になる点が出てきてしまうからです。自分が本当に伝えたいことにフォーカスして伝えられるよう、どの理由が肝心なのかを理解しておきましょう。

理由を整理する

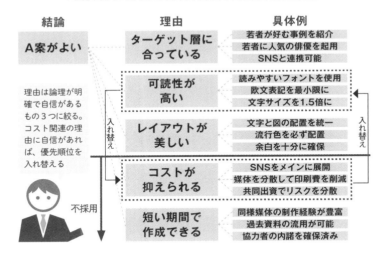

結論	理由	具体例
A案がよい	ターゲット層に合っている	若者が好む事例を紹介 / 若者に人気の俳優を起用 / SNSと連携可能
	可読性が高い	読みやすいフォントを使用 / 欧文表記を最小限に / 文字サイズを1.5倍に
	レイアウトが美しい	文字と図の配置を統一 / 流行色を必ず配置 / 余白を十分に確保
	コストが抑えられる	SNSをメインに展開 / 媒体を分散して印刷費を削減 / 共同出資でリスクを分散
	短い期間で作成できる	同様媒体の制作経験が豊富 / 過去資料の流用が可能 / 協力者の内諾を確保済み

理由は論理が明確で自信があるもの3つに絞る。コスト関連の理由に自信があれば、優先順位を入れ替える

入れ替え

不採用

相手への効果的な伝え方

3つの理由を伝える

理由は3つあります

最初に「理由は3つあります」と言ってしまう方法。話の筋道がわかりやすいため、相手は安心して聞くことができる

ひとつだけ伝える

理由は○○です。なぜなら〜だからです

論理的な理由がひとつあれば、十分な場合もある。理由を複数並べるより、疑問を持たれる可能性は低くなる

Point

☑ 伝えたいことが明確でないプレゼンは、魅力に欠ける
☑ 理由は多くても3つに絞る
☑ 理由が多いほど疑問を持たれる確率は高くなる

相手の「知りたいこと」を理解する

● 人によって「知りたいこと」は異なる

プレゼン内容をつくるにあたって、自分が伝えたいことと同じくらい重要なのが**「相手が何を知りたいか」**です。

例えば、自分がボールペンを売る営業だったとします。このときボールペンを使う人は、何を知りたいでしょうか？ 「書き心地がいいボールペン」「コスパがいいボールペン」「デザイン性に優れたボールペン」などが想像できます。相手が何を知りたいのかは、直接相手に聞ければベストです。プレゼンの依頼があれば、どうような課題を解決したいかなどの要望が聞けるはずなので、その内容をプレゼンにしっかりと反映しましょう。

また、相手が自分の知りたいことに気づいていない場合があります。ヒアリングした内容を妄信せず、相手の立場や感性を想像して、聞いたこと以上の提案を目指しましょう。

● 一方的なプレゼンは逆効果

「相手の知りたいこと」を意識しないと、自分の言いたいことを一方的に話すだけのプレゼンになってしまいがちです。

相手は使いやすいボールペンがほしく、そのプレゼンをしてほしいのに、「当社のボールペンは、女性に人気のデザインです」「製造過程で CO_2 が出ないようにしており、SDGs に配慮したボールペンです」などのような話をされたら相手はどう思うでしょうか？ きっと**自分のためになる話をしてくれない人**と思われて、話を聞いてもらえなくなってしまうでしょう。

● 相手にとって価値があるかどうか

　直接聞けなくても、「知りたいこと」がなにかは、ある程度わかります。それは**「知りたいこと」のほとんどが、「相手にとって価値がある話」**だからです。極論をいってしまえば、自分が得をする話を嫌がる人はいません。プレゼンのテーマが、「システムの導入」「ボールペン選び」「広告案の選定」のいずれであろうとも、聞き手は基本的には、「自分や会社の利益になるかどうか」という基準で判断します。つまり、「これをすれば、あなた（会社）にメリットがあります。なぜなら〜」という方向性であれば、興味を持って聞いてもらえる可能性は高まります。「聞き手の利益になる」という視点が欠けていないか、プレゼン内容を見直してみましょう。

メリットをアピールしよう

機能説明	利益説明
キャップとボディに最高級レジンを使用し〜	あなたの暮らしを変えるボールペンです
どうすごいのかわかりにくい	話を聞いてみよう

興味を引くには、あたえられる利益を説明するとよい

Point

☑ **相手が知りたい話は何かを意識する**ようにしよう
☑ **「相手にメリットがある話」**は耳を傾けてもらいやすい
☑ **専門的な話ばかりしないように**気をつけよう

「伝えたいこと」を
微調整する

●「知りたいこと」との差を理解する

42 ページまででまとめた、「伝えたいこと」と聞き手が「知りたいこと」には、差がある場合があります。

例えば、ある営業担当者が「自社の製品の魅力」を伝えたいと思っていたとします。営業の仕事は商品の魅力をプレゼンすることで間違ってはいないのですが、取引先の企業が知りたがっているのは、「効率化や課題を解決する方法」です。商品の情報を課題解決などの役に立てたいだけであり、商品そのものには興味はありません。

これが「伝えたいこと」と「知りたいこと」のギャップです。その差を意識せずに、**余計な商品の情報を長々と話してしまうと、聞き手からの印象は悪くなってしまいます。**

●ギャップを埋める

聞き手から知りたいことを教えてくれない人と思われないように「伝えたいこと」と「知りたいこと」の差を埋めるようにしましょう。

先の例では、自社の製品が聞き手である取引先の効率化や課題解決に使えるかどうかを検討します。そのうえで、「御社の課題解決のためには、自社の製品がおすすめです。なぜなら～」などと、「伝えたいこと」と「知りたいこと」の両方をプレゼンで話せるようにしましょう。プレゼンでは、「伝えたいこと」ばかりに意識を向けすぎないように注意します。相手の「知りたいこと」にも寄り添って話すことで、**聞き手の心は動きやすくなるでしょう。**それができればプレゼンが成功する可能性が高まるはずです。

● 「知りたいこと」の把握

　相手の望む情報を把握するには、聞き手のことを詳しく知る必要があります。「どんなことを知りたいですか？」と本人に聞いても、**自覚がなければ正確な答えが返ってこない**ので注意しましょう。「聞いた情報を何に使うのか？（116ページ）」「聞き手の年代や価値観（114、120、122ページ）」などを分析すると、おのずとその答えにたどり着けるようになります。5章の内容が、相手を分析するときの助けになります。

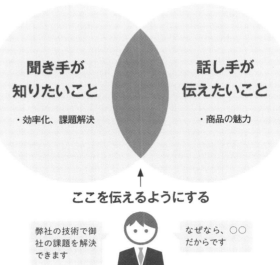

伝える内容のイメージ

聞き手が 知りたいこと	話し手が 伝えたいこと
・効率化、課題解決	・商品の魅力

ここを伝えるようにする

弊社の技術で御社の課題を解決できます

なぜなら、○○だからです

Point

- ☑「伝えたいこと」と「知りたいこと」の差を認識する
- ☑ 差がある場合は「伝えたいこと」を微調整する
- ☑「知りたいこと」は相手が自覚してない場合もある

欠点がないか見直してみる

• 社内プレゼンで欠かせないポイント

プレゼン内容を完成させる前に、もうひとつ確認しておいてほしいポイントがあります。とくに社内プレゼンにおいてですが、提案そのものが**「実現すべきものなのか」「実現が可能なのか」という2点**です。「実現すべきかどうか」は、「会社にメリットがあるのか?」「社会的な意義はあるのか」と言い換えることもできます。どんなに見どころがある主張でも、会社に利益がでなければ実現できません。逆に、どんなに成功する確率が高くても、社会的に悪影響があったり、会社のイメージを悪化させたりするプロジェクトは実現できません。

• 管理職が恐れる「現場の疲弊」

また、**「実現可能性」も重要なポイント**です。意義があり、リターンが大きくても、それを実現するハードルが高ければ、上司は承認するのを躊躇します。なぜならば、それを実現させるために社員の長時間労働が必要になったりすれば、会社として立ち行かなくなるからです。ほかにも、「成功直前でトラブルが起こる可能性がある」「運の要素が強い」といったことも、聞き手が懸念する要素です。

• 安全性をアピールしよう

聞き手が不安を感じる要素があれば、それを解消するようにしましょう。プレゼン後に質問されたとしても、問題ないという根拠を示せるようにしておきます。

上司の言葉の意味と回答例

利益は出る？
損をしない？

意味
経費計算（コスト計算）は
できているか？

↓

想定利益率は
25％程度です

回答例
「過去のA事例の利益の
1.2倍を予測しています」
など

ポイント
数値を明示する

実現できる？

意味
現場の負担や期間に
問題はないか？

↓

5か月で
実現可能です

回答例
「現場稼働率2割増しなら
3か月で実現できます」
など

ポイント
予定を明示する

問題はない？

意味
社内外から批判や
クレームがこないか？

↓

顧客へは事前
説明します

回答例
「コンプライアンス的にも
問題ありません」
など

ポイント
事前の対応を明示する

上司が気になる要素

実現できる？

**会社のイメージを
損なわない？**

利益が出る？

大丈夫です。なぜな
ら○○だからです

この3要素は必ず上司が気にするポイントなので、事前に対策をしておこう

Point

☑ 社内プレゼンでは「実現可能性」と「意義」を意識
☑ 会社に悪影響があるプロジェクトはNG
☑ 現場に負担をかけない提案がよろこばれる

プレゼン内容の整理に使える
マインドマップ

プレゼンのアイデアを整理する方法はたくさんありますが、ここではそのひとつであるマインドマップの作成法をお教えします。

やり方はかんたんです。下図のように中心にテーマを置き、そこに関連する情報やアイデアをつなげていくだけ。目に見える形に書き出すことで考えが整理され、流れもつかみやすくなります。必要に応じてグループごとに色をつけたり、イラストなどを入れたりすると後でまとめる際にわかりやすいのでおすすめです。

作成する際は紙を横向きに置くと展開しやすく、把握にも便利です。アイデアが出尽くしたらマインドマップ全体を見渡しましょう。そうすることで、新しいアイデアが思い浮かんだり、全体の中でとくに重要な項目に気がついたりします。

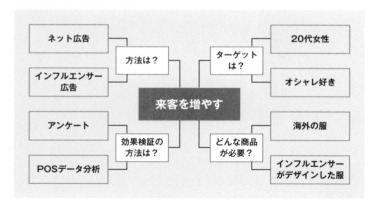

\ 上手に伝えるにはコツがある /

わかりやすい
説明の基本ルール

プレゼン内容をわかりやすく伝えるには、伝える順番や速度などを工夫する必要があります。「言いたいことがわからない」「結局、何を言いたいの」「その話はいいから」などと言われたことがある人は、わかりやすく説明するためのルールを知るだけで、劇的に改善します。

「長くてムダな話」は
聞いてもらえない

● 他人の話は記憶に残らない

　伝えたいことを熱心に話したのに、相手にまったく伝わっていなかった経験はないでしょうか？　伝えたい主張が勘違いされたり、強調して話したポイントが全く相手に響かなかったりすると、せっかくのプレゼンもムダになってしまいます。あまりに伝わらないと「自分ではなく、理解力のない相手が悪いのだ」と憤りさえ感じてしまいます。

　しかし、プレゼン上達のためには、**「人は興味がない話を聞かない」**ということを頭に入れておきましょう。朝礼で偉い人の話が頭に入ってこないように、興味のない話は聞こうと思っても覚えられないものなのです。

伝わらない話し方の例

○○で△△なので××のためAです。というのも、Bよりも〜

Bってこと？

相手に納得してもらおうと、理由を丁寧に話している。しかし、どれが結論かもわかりにくく、補足情報も長いため、相手に間違った理解をされている

•聞いてもらうためにムダを省く

とくに**相手の記憶に残らないのは、「長い話」**です。話し手に情熱があるほど、聞き手に伝えたい、採用してもらいたいとたくさんの情報を詰め込んでしまいがちになります。話せば話すほど聞き手は、何を言いたいのかわからなくなり、話を聞くことを止めてしまったり集中力が低下したりしてしまいます。そのため、長い話は相手の記憶に残らないのです。

そもそも一度聞いただけで、たくさんの情報を理解できるのは、とても頭のいい人です。通常は、情報が多いほど齟齬が起きてしまいますし、どの情報が重要かを理解できず、すべての話が記憶に残らなくなります。また、相手が「知りたいこと」と関係ない話をしてしまうのも、伝わらなくなる原因のひとつです。ムダな話だと感じると、聞き手の集中力は著しく下がります。「知りたいこと」を「ムダなく」話せるかどうかも、正確に相手に伝えるためには必要になります。

聞き手が嫌がる話の特徴

長い話	ムダな話
→間違って伝わる	→聞き手のストレス
→覚えられない	→集中力がなくなる

聞き手の頭に入らない

Point
☑ 人は**興味がない話を聞かない**ものだと考えよう
☑ **長い話は伝わりにくくなる**原因のひとつ
☑ 聞き手の知りたいことを、**ムダなく話す**よう意識する

相手がほしい情報を
先に出す

● 聞き手の気持ちを優先して話そう

聞き手にとっては、要領の得ない話は聞くのがつらいものです。い
つまでたっても知りたい情報が出てこなかったり、何が言いたいのか
わからなかったりする話は、ストレスさえ感じてしまいます。

そのような事態を避けるために、まずは**相手がほしい情報を伝える
ことを意識**しましょう。

● 知りたいことがある場合

例えば、お客様に少しだけ話す時間をもらえたようなケースでは、
相手の興味がない話をしてしまうと、すぐにプレゼンの時間が打ち切
られてしまいます。「その商品（サービス）が、どう役に立つか」が
お客様の知りたいことと考えられます。明確に相手が聞きたいことが
ある場合は、**余計な言葉を足さず、簡潔に伝える**ようにしましょう。
それを「では、弊社の商品を紹介させていただきます。この商品は○○
という特徴があり〜」と、商品の説明からしてしまっては、相手は聞
く意欲がなくなってしまいます。「この商品は○○に役立ちます」と
まずは、相手の求めているものに応えるようにしましょう。

● 自分の主張を聞いてもらう場合

相手が自分の主張を聞いてくれるような場面でも、聞き手には知り
たいことが存在します。

それは「話の結論」です。「自分に何が起こったか」や「結論にいたっ

た理由」から話しはじめる人がいますが、聞き手にとっては話がどう運ぶのか想像がつかず、理解するために話を最後まで聞く必要があり負担を感じます。できるだけ**結論から話して、聞き手の負担を減らす**ように心がけましょう。

相手が「知りたい」ことを伝える

⭕ 相手の知りたいことから話す

状況を報告してほしい

うんうん

結論から申しますとリード獲得に苦戦しています

❌ 起きたことから話す

状況を報告してほしい

そこからか…

そもそも今回のプロジェクトは〜

相手が「知りたいこと」を最優先で伝える。その後、相手に求められたり、補足が必要な場合などに起きたことなどを伝えるようにする

Point 👆
- ☑ **相手が知りたい情報**から話す
- ☑ 話の**結論**から入ると、相手にとっては負担が少ない
- ☑ 相手の知りたいことは何かを**意識する**ことが大切

安心させると話が
スムーズに進む

● 緊急時の伝え方のコツ

わかりやすく話そうという意識が強い人ほど、相手の知りたいことを意識できなくなる場合があります。**とくに緊急事態で、聞き手がリスクを感じているようなときは、相手の知りたい情報に敏感になるようにしましょう。**

例えば、報告型プレゼンで大口の取引先とトラブルがあった場合、聞き手が一番知りたいのは、トラブルが解消できたかどうかです。第一声で「先日のA社とのトラブルは解消できました」と話せば、スムーズに次の報告に入ることができます。しかし、下手に気を利かせて「まずは経緯から説明させていただきます」と詳細から入ったり、「定期報告からはじめさせていただきます」と別件から説明したりすると、聞き手はストレスを感じてしまいます。緊急時こそ、相手の知りたいことを意識するようにしましょう。

緊急時こそ「知りたいこと」が大切

A社との関係はそもそも…

今、そんなことはどうでもいい！

緊急時でも、相手が知りたいことから話すことが鉄則！

• 冷静になると理解力が上がる

感情的になっていたり、余裕がなかったりすると人間は思考力が低下します。聞き手がそのような状態に陥っているときは、どんなにわかりやすい説明をしたとしても、受け入れてもらえないものです。わかりやすい説明をする前に、リスクや危険を取り除くことを心掛けましょう。相手が冷静になれれば、結果的に話がスムーズに通じるようになります。「急がば回れ」という気持ちで、**相手の知りたいことにまず答える**ようにしましょう。

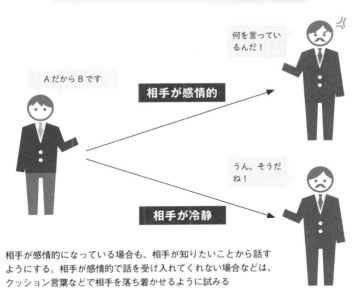

同じ説明でも異なる反応

Aだから Bです

相手が感情的

何を言っているんだ！

相手が冷静

うん、そうだね！

相手が感情的になっている場合も、相手が知りたいことから話すようにする。相手が感情的で話を受け入れてくれない場合などは、クッション言葉などで相手を落ち着かせるように試みる

Point

- ☑ 慌てたり、感情的だったりすると思考力が低下する
- ☑ まず相手の不安要素を失くすことが大切
- ☑ 結果的にスムーズに話が伝わるようになる

前提をそろえると
行き違いがなくなる

● 結論よりも優先する場合も

　相手が知りたいことから話すのは、上手に伝えるために大切です。しかし、それよりも前にやるべきなのは **「前提をそろえる」という作業です。** 報告型プレゼンで自分のやっている業務の進捗情報を伝えるとき、自分しか知らない重大な情報を伝えていなかったら、どうなるでしょうか？　例えば、「システムの修繕を IT 部門に担当してもらえることになった」という情報を共有しなかった場合、システムの修繕スケジュールを報告しても聞き手の頭には「システムの修繕は誰がやるの？」という疑問が浮かんでしまいます。

　前提を共有できないでいると、話の行き違いが生まれたり、再度説明が必要になったりします。そうならないためにも、前提をそろえるという意識を持つようにしましょう。

共有不足で行き違いが起こる

トラブルがあった件
は大丈夫なのかな？

システムの使い心地を
ヒアリングしました

システムの修繕は
もう大丈夫だな

自分では上手に話せているつもりでも、必要な情報が共有されていないと相手は不安になってしまう

• 共有が必要な情報の種類

事前に聞き手と共有が必要な情報は、自分だけが知っている出来事以外にもあります。自分だけに専門知識があるような場合には、「この用語は○○という意味です」と説明しなければ伝わりません。また、**グラフや表を用いる場合は、数字の意味などを明らかにする**必要があります。

また、久しぶりに話すようなテーマの場合は、以前共有していたことが忘れられている可能性があるので、あらためて説明するようにします。「前も話したから大丈夫」という思い込みは捨てて、確認を怠らないようにしましょう。相手が忘れていなくとも確認を行うことで、しっかりとやってくれているなと思ってもらえたりし、信頼度の上昇が期待できます。

共有しておくべき内容

内容	例
重大な出来事	「システムの修繕ですが、外部に委託することになりました」
専門性の高い知識	「アジャイルというのは、方針の変更などに機敏に対応する能力を意味します」
数字の定義	「この数字は1日の売上と平均売上の差額であり、マイナスの場合は売上が平均より低いことを意味します」
表の意味	「赤いセルはキャンペーンを行った日を表わしています」
忘れていそうな情報	「○○さんに紹介いただいて、契約する運びになったのですが～」

Point

☑ 最初に前提をそろえて話すことが必要な場合もある
☑ 自分だけが知っている重要な情報は、事前に共有する
☑ 専門用語や数字の意味なども、理解してもらう

最初に制限を加えると聞きやすくなる

● 相手の気持ちをコントロールする

相手に知りたいことがあっても、それにかかわる情報が話せないケースもあります。その場合は、**最初に「〇〇の話をします」と伝えて、話す範囲を制限する**方法があります。

例えば、報告型プレゼンで、上司がシステムの機能改善が完了する時期と費用について知りたがっているものの、見通しがわからず伝えられない場合は、「その件は協力会社と協議中です。〇〇日までに報告し確認していただけるようにしますので、本日は協力会社への発注内容について報告をさせてください」などと報告できない理由を伝え、話の範囲を制限します。そうすることで、相手の知りたい情報を持っていない場合でも、相手を納得させられるようになります。

「知りたいこと」に答えられないとき

✕ **ごまかして話す**

納期と予算は？　発注はしています

相手の期待している内容を話せないからといって、ごまかしてしまうと次の話に進みにくくなる

○ **範囲を制限する**

□□のため、まだ報告できないので今日は〇〇について話させてください

そうか

最初に「今日はここまで話します」と話す内容を制限すると、スムーズに話が進められる

• 話が長くなりすぎるのを避ける

　話す範囲を制限するメリットは、相手の知りたい情報を話せるときにもあります。例えば、話せる情報がたくさんあり一度に伝えるには時間が足りない場合は、**話す範囲を事前に制限する**ことですべて一度に伝えなくて済み、予定時間内に話を終えることができます。「一度に報告すると長くなりますので、本日は○○と△△の話をします」などと相手に伝えるようにしましょう。話が長いと相手に「いつまでかかるんだろう？」と思われてしまう可能性がありますが、話す範囲を事前に制限しておくことで、ここまで話が済んでいるからあとこのくらいで終わるかなと相手に思ってもらえ、話に集中してもらいやすくなります。

　また、相手に正確に理解してほしいときこそ、話の範囲を制限するべきです。一度にたくさん話すと、誤解や聞き漏らしが多くなります。相手が一度に理解できる量を意識して話すようにしましょう。

話す範囲を制限するメリット

話す内容に集中させられる	何を話すか伝えておくので、聞き手はテーマを理解したうえで聞くことができる
制限時間内に収めやすくなる	聞いてもらえる時間が限られているときに、適した分量にまとめやすくなる
話す分量を制限できる	相手が理解しやすいボリュームに、話を調整できる

Point

☑ 話す範囲を先に示すと、聞き手は理解しやすくなる
☑ 時間内に話を終えたいときにも有効
☑ 相手が知りたいことについて話せないときも有効

伝えたい結論を短い言葉で伝える

● 長いと理解できなくなる

前提をそろえたうえで（56ページ）、相手が知りたいことを最初に伝える（52ページ）と理解してもらいやすくなります。しかし、長い言葉で伝えてしまうと、これまでの工夫が台無しです。例えば、「このシステムを導入すべきです」と伝えるのと、「機能的で価格も安い、A社の通常プランを導入すると、いろいろ考えてよいと思います」と伝えるのでは、聞き手はどのように感じるでしょうか？　後者だと、結局何が言いたいのかわからなくなってしまうはずです。それは**長い言葉だと、聞き手がイメージできなくなってしまうから**です。

重要な言葉は短く伝える

\ NG! /
機能的で価格も安い、A社の通常プランを導入すると、いろいろ考えてよいと思います

↓

\ OK! /
このシステムを導入すべきです

● 言葉はシンプルに使う

聞き手がイメージしやすいように意識しましょう。「このシステムを／導入すべきです」という2つのまとまりであれば、すんなりとイメージできそうです。「機能的で価格も安い、／A社の通常プランを／導入すると、／いろいろ考えて／よいと思います」と5つもあると、

すんなりと理解するのは難しくなってしまいます。

　結論などの**重要なことを話すときは、言葉のまとまりは３つ以下に抑える**ようにしましょう。それ以上になると、なんとかイメージできても、聞き手に判断する余力がなくなってしまいます。

● 理由はあとからでいい

「理由も説明したいときはどうすればいいんだ？」と思われた人もいるかと思います。ですが、**理由などの細かいことは、まず結論を話したあとに説明すればいい**のです。「このシステムを導入すべきです。なぜなら〜」と話せば、相手は論理関係を明確に理解できます。

結論を先に話す効果

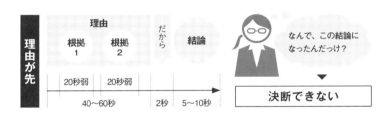

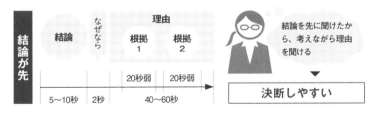

Point

☑ **短い言葉**で話すと、結論が伝わりやすくなる
☑ 結論の長さは、**言葉のまとまり３つ分以下**に抑える
☑ **理由は結論を話したあと**に話すようにする

結論・理由・具体例を
セットで用意する

● 理由がなければ納得しない

報告型のプレゼンでも、結論と理由が求められます。担当している
プロジェクトについて報告する場合でも、時間に限りがあるため、状
況を細かく報告するわけにはいかないからです。
「○○が課題です（結論）。なぜなら〜（理由）」「○○だと思います（結
論）。なぜなら〜（理由）」と担当者として考えを簡潔に伝える必要が
あります。

また、**理由は主張が正しいかどうかの判断材料**になります。聞き手
が納得するかどうかは、理由が大きな割合を占めていることを覚えて
おきましょう。理由を述べなかったり、理由が論理的でなかったりす
ると、主張は聞き手に受け入れられません。

● 具体例が論理を強化する

すぐに納得できる理由であればともかく、**具体例がなければ聞き
手が判断できない**場合が数多くあります。「システムを導入すべきで
す（結論）。なぜならコストが安いからです（理由）」だけでは、聞き
手は判断に困ります。「システムを導入すべきです（結論）。なぜなら
コストが安いからです（理由）。1か月5000円で済みます（具体例）」
と具体的な数字を入れることで、聞き手はそれについて意見を持てる
ようになります。

プレゼンでは話をするだけでなく、パワポなどを使い視覚でも相手
に伝えることができるので、グラフやイラストなども使い、具体例を
伝えるようにするとよいでしょう。

● 論理の流れを意識する

　プレゼンをするときは、結論・理由・具体例をセットで用意しましょう。よく「こうしたほうが絶対いい。そうじゃないとありえない」と感情的に意見を主張する人がいますが、それは相手を尊重する姿勢が感じられません。報告型プレゼンでも、説得型プレゼンでも、聞き手は根拠を聞いて主張の妥当性を判断します。そして、プレゼン後のフィードバックの結果、根拠から違う結論が導き出されたり、提案された企画の方向性が修正されたりすることもあります。大切なのは、自分の意見に固執せず、他人の指摘を受け入れる姿勢を持つこと。そのためにも、根拠を明確にする必要があります。

理由を検討してもらう意識を持つ

結論	理由	具体例
システムを導入すべき	コストが安いから	月々5000円

安いならいいんじゃない？

月々5000円は高く感じるな

根拠や具体例を明確にすると、聞き手はプレゼン後に議論がしやすくなる。判断材料を提供する意識を持とう

Point

☑ プレゼンには、結論と理由が必要
☑ 具体例がないと、聞き手が判断できないケースがある
☑ 聞き手は根拠から主張の妥当性を判断する

理由を3つ用意する

● ひとつだと納得してもらえない

とくに相手の行動を引き出したい説得型プレゼンでは、**理由がひとつでは説得力に欠けます**。聞き手としては、「それだけでは賛成できない」となってしまうのです。しかし、多すぎるのにもデメリットがあります。たくさんの理由があるとすべてを覚えられないうえ、説明に時間がかかりすぎてしまうのです。

相手を説得したいような場面では、理由は3つ用意するようにしましょう。無理なく聞くことができ、「理由は3つあります」と最初に言えば、聞き手も違和感なく受け入れられます。

理由は多くても少なくてもダメ

ひとつ

これが理由です

これだけ？

理由

5つ

理由です

多すぎる

理由①

理由② 理由③

理由④ 理由⑤

理由が少なすぎると、聞き手にとっては賛成する材料が少ない。またそのひとつがはまらなければ確実に失敗してしまう

理由が多すぎると、相手は聞く意欲を失くしてしまう。聞き手は判断するより、理解するほうにエネルギーを使ってしまう

● 望ましいピラミッド型

結論・理由・具体例は、結論ひとつに理由3つ、理由に具体例が複数ある**「ピラミッド型」を意識する**ようにしましょう。

例えば、結論は「システムの導入」、理由は「コストが安くなる」「効率がよくなる」「テレワークにも使える」の3つを用意します。そして、用意した理由それぞれに、いくら安くなるか、どのくらい時間が短縮できるか、テレワークを効率化する機能などの複数の具体例を紹介し、理由に説得力を持たせるようにします。

ピラミッド型はひとつの結論を理由と具体例で支えるとイメージしましょう。論理構造が明確だと、聞き手が話を理解する負担が減ります。相手の納得を引き出すような論理を自分の中で持っておくようにしましょう。

プレゼンの流れはピラミッド型を意識

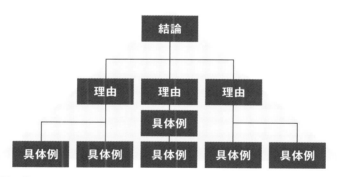

結論に対して理由があり、さらに根拠となる具体例があるのが、説得力につながる

Point
- ☑ 理由は多すぎると**聞いてもらいにくくなる**
- ☑ 理由が少ないと**相手を説得しにくくなる**
- ☑ 結論→理由→具体例の**ピラミッド型を意識する**

論理を飛躍させない

● 意味が通じない話をしていないか

　結論・理由・具体例がしっかりと用意されても、**それらの関係性が相手に理解されなければ意味がありません**。「システムを導入したい（結論）。なぜなら、業績が上がるから（理由）。前年比で20％売上が上がる（具体例）」という理屈は、本人としては関係があるのかもしれませんが、聞き手には理解できません。システムを導入しただけで業績が上がる理由が、聞き手には思いつかないからです。これを論理の飛躍といいます。「システムの導入により業務が効率化され、できた時間をほかの仕事に回せるため、前年比で20％売上が上がる」という補足があれば、聞き手も理解・納得できます。

論理の飛躍の例

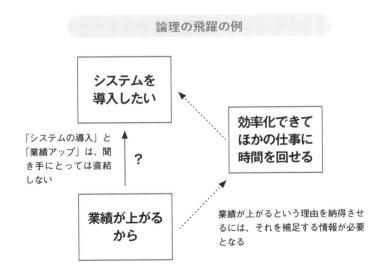

システムを導入したい

効率化できてほかの仕事に時間を回せる

「システムの導入」と「業績アップ」は、聞き手にとっては直結しない

？

業績が上がるから

業績が上がるという理由を納得させるには、それを補足する情報が必要となる

● 結論と理由をつなげる根拠を考える

「システムを導入したい。なぜならかっこいいから」などであれば、一目で意味不明な理由とわかるでしょう。しかし、「システムを導入したい。なぜなら業績が上がるから」という理由であれば、意味が通じるような気がしてしまいます。

そのように思うのは、「業績が上がる」という理由は、「システムの導入」という結論に対して間違いとは言い切れないからです。このようなケースでは、間に入る「隠れた理由」が見つけられれば、論理の飛躍が避けられてわかりやすくなります。

プレゼンの内容を見直すときは、理由が意味の通じるものになっているかをチェックしましょう。基本的な情報を知らない聞き手には、意味が通じないと思うときは、根拠を補うようにします。そのようにして論理の飛躍を解消できれば、「意味がわからない」と言われることがなくなります。

「理由」を点検してみよう

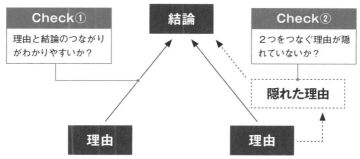

Check① 理由と結論のつながりがわかりやすいか？

結論

Check② 2つをつなぐ理由が隠れていないか？

隠れた理由

理由

理由

Point

☑ 論理の飛躍があると、聞き手は理解できなくなる
☑ 理由がわかりやすいものになっているかを再確認する
☑ 隠れている根拠がないかどうか考えてみる

プレゼンの論理構造を覚える

● プレゼンの基本の論理構造

よいプレゼン（相手が理解しやすいプレゼン）の条件のひとつは、論理構造が明確なことです。**結論・理由・具体例のつながりが初めて聞く人にもわかりやすい**ように話を組み立てましょう。よいプレゼンには基本の型があり、話の組み立てとしてとくに有名なのが「PREP法」と「ホールパート法」です。

● 結論から話す PREP 法

「PREP」とは **Point（要点）・Reason（理由）・Example（具体例）・Point（要点）** の頭文字です。最初に要点（＝結論）から話し、理由と具体例を伝えて、最後にあらためて要点を話します。

PREP 法の例

要点	システムを導入すべき

▼

理由	業務が効率化するから

▼

具体例	作業時間が2時間短縮できる

▼

要点	なるべく早く導入するべき

• 全体と部分に分けるホールパート法

　ホールパート法は、**Whole（全体）とPart（部分、詳細）にわけて話す**方法で、まず全体の要点を話し、そのあとに詳細を説明し、最後にまた要点を話します。

　PREP法との違いは具体例に関する説明の有無です。具体例の説明までする時間があるならば説得力が増すので、PREP法を使うほうがおすすめです。しかし、時間がなく、まずは相手に話の全体を聞いてもらいたいという場合はホールパート法を使うほうがよいでしょう。

　プレゼンの型はいろんな種類があります。まずは自分に合う基本の型を身につけ、そのあと、使える型を増やしていくようにします。状況に適した使い分けができるようになるとよいでしょう。

ホールパート法の例

要点	システムを導入すべき

▼

詳細①	時間を短縮できる。というのも～

▼

詳細②	コスト面にもメリットが～

▼

詳細③	セキュリティも優れていて～

▼

要点	だから導入すべき

Point
- ☑ プレゼンの基本の型を身につける
- ☑ **PREP法**は、要点→理由→具体例→要点の順で話す
- ☑ **ホールパート法**は要点→詳細→要点という順で話す

結論・理由・具体例を混在させない

● 入り乱れていると伝わらない

　わかりにくい話をしてしまう人は、結論・理由・具体例を混在させて話してしまう傾向があります。「コストがかからないというのは大事なことで、200万円というのは大きな額です。新しいシステムを導入するなどすれば、会社としてはよいことです」という文章について考えてみましょう。結論から話していないうえに、結論・理由・具体例が入り乱れていてとてもわかりにくくなっています。「新しいシステムを導入するべきです（結論）。なぜなら、コストを抑えられるからです（理由）。200万も抑えることができます（具体例）」のように、**結論・理由・具体例をしっかりわけると、聞き手は理解しやすく**なります。

● 余計な言葉を入れない

　ムダな言葉も、理解を妨げる原因です。「基本的に、細かい要件は業者と話して判断しますが、会社のためになるようなシステムを導入しようかと思います」という文章は、ムダな言葉を削ってしまえば「システムを導入します」という内容になります。

　前者がわからないのはムダな言葉をたくさんつけ足しているからです。自信のなさから言葉をつけ足したくなるのか、ムダな言葉をたくさん使ってしまっています。相手も当然と思っているようなことは、無理に話す必要はないのです。「基本的に」という言葉は不要の代表例です。ムダな言葉があるだけで、聞き手は理解しにくくなってしまいますので、その言葉が本当に必要かどうかよく考えましょう。

結論→理由→具体例を明確にする

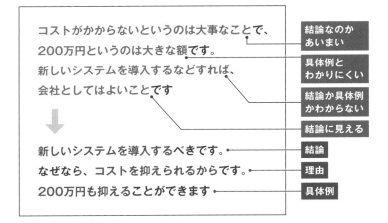

コストがかからないというのは大事なことで、
200万円というのは大きな額です。 —— 結論なのか
あいまい

新しいシステムを導入するなどすれば、
会社としてはよいことです —— 具体例と
わかりにくい

—— 結論か具体例
かわからない

—— 結論に見える

新しいシステムを導入するべきです。—— 結論
なぜなら、コストを抑えられるからです。—— 理由
200万円も抑えることができます —— 具体例

省いたほうがいい言葉

基本的に	例外について細かく話していないのであれば、言及する必要はない。口癖のように使わないよう気をつけよう
～という観点では	ほとんどの場合、使わなくても通じる。「～するには」「～としては」などに言い換え可能
～かもしれませんが／～な場合もありますが	指摘されていないのであれば、自分から低い可能性のことに言及する必要性は少ない。状況に応じて伝わりやすさを優先する
～も、もちろんいいのですが	プレゼンでは、他のことに気を遣って無理にほめる必要はなし

Point

☑ 結論・理由・具体例を明確にしよう
☑ 自信のなさから余計な言葉を足すと伝わらなくなる
☑ 相手が当然だと思うことは、話す必要はない

相手が理解できる言葉を使う

● 専門家の話はわかりにくい

　大学の授業などで、専門性が高い授業についていけなかった経験はないでしょうか？　難しい単語が頻繁に使われたり、知っている前提の内容が高度だったりすると、聞き手は話を理解できなくなります。もし教授が聞き手の知識レベルを考慮して話していれば、学生はもっと授業内容を理解できるようになるでしょう。

　プレゼンでも、同じことがいえます。**使っている単語や前提知識のレベルが、実際よりも高くなっていないか**注意しましょう。「これくらい知っていて当然」と思っていることが、実際にはほとんどの聞き手が知らない可能性があります。年代や性別、出身などによって、知識の範囲は大きく違うことを理解しましょう。

相手の知識に配慮する

みなさんもご存じの通り

最近流行の○○ですが

知らない

自分が知っていることを相手も知っている前提で話すのは、話し手にとっては楽。相手が知らない部分をわかりやすく話すところに、話し手の力量が試される

●簡単な言葉はイメージしやすい

　プレゼンで専門的な内容について話をするときは、中学生にも伝わるような話をしましょう。ただし、すべての言葉を中学生にも伝わるように言い換えをして、相手がバカにされていると思うなどして不快にさせないように注意しましょう。相手を不快にさせないためには、相手の知識レベルに合わせた話し方が大切です。事前に相手の知識レベルを把握したり必要な情報を共有したりしましょう。**相手にストレスを感じさせない**ことで、プレゼンがスムーズに進みます。

　経験が豊富な相手に話していると、「知っていて当然」という感覚に陥ってしまいやすいものですが、中学生を基準とするとわかりやすく話す意識が持てるようになります。

基準を中学生に設定する

× **年上の社員**

もちろん知っていますよね

相手を知識が豊富な人だと思って話すと、わかりやすい説明ができなくなってしまう。リスペクトする気持ちを持ちながらも、丁寧に前提知識を共有する

○ **中学生**

○○というのは△△という意味で

中学生に説明するように話すと、自然と丁寧に前提知識を共有できるようになる。ただし、子どもに話すような口調にならないように注意する

Point
- ☑ **難しい言葉を使うと聞き手が理解できなくなる**
- ☑ **中学生でもわかるような言葉で話すのが重要**
- ☑ 前提となる知識は**聞き手全員**と共有する

理解しやすいように
話の間や速さを意識する

• 早口にならないよう意識する

プレゼンをわかりやすく伝えるには、話す順番だけでなく、話し方にも気を遣う必要があります。とくに、**話す速度は聞き手の理解のしやすさに大きな影響をあたえます**。緊張していると、どうしても早口になってしまうものですが、聞き手にとっては理解が間に合わなくなってしまいます。ちょうどいい速さで話せるように練習するとともに、本番では聞き手の反応を見ながら調節するようにしましょう。「自分が上手に話せるか」に注目してしまうと、緊張が増してしまいます。「相手が理解できているか」を意識すると、相手を見ながら話し方を工夫できるようになります。

聞き手に気を配る意識を持つ

× 自分を意識する

上手く話せているかな？

緊張が高まる

○ 聞き手を意識する

理解してもらえているかな？

平常心でいられる

上手にやらなければと思うほど、緊張してしまい早口になってしまう

理解してもらおうとすると、わかりやすく話すことに意識が向き、緊張しにくくなる

● 相手のイメージ化を待つ

　話すスピードと同じくらい、**話の間を取ることは大切**です。相手が聞き取りやすいように、話すスピードに注意し話をしても、頭の中での処理が間に合っていなければ、話の内容を理解してもらえず、話すスピードを意識する意味がなくなってしまいます。

　間を取ることで相手の頭の中で話を整理し理解する時間ができるとともに、話を映像化しそのイメージが浮かびやすくなります。「私はシステムを導入するべきだと思います（間）／なぜなら、業務効率が上がるからです（間）／作業時間を2時間も短縮できます（間）」のように間を取って話すと、相手の頭にそれぞれのイメージ映像が浮ぶ時間が確保できます。

　相手がイメージできたかどうかは、相手のリアクションを見ながら判断しましょう。話しながら自分でも映像をイメージしてみるのも、間の取り方の上達につながります。

イメージしてもらうことを意識する

経理作業に毎月100時間とられています

そんなに!?

相手にイメージしてもらうことを意識すると、自然と間を取って話せるようになる

Point

☑ **相手のイメージ化を待って話す**ようにする
☑ 聞き手を配慮して**ゆっくり話す**と理解しやすい
☑ **間を取って話す**と聞き手はイメージしやすい

第3章

わかりやすい説明の基本ルール

期待値を管理して 集中力を途切れさせない

　相手に興味を持ち続けながら話を聞いてもらうためには「期待値」を コントロールすることが有効です。期待値を上げ続けるのではなく、一 度下げてから上げたほうが納得感や信頼感が増す場合があります。期 待値をコントロールするには、聞き手がプレゼンに何を求めているのか を把握し、それに対して①期待に応える、②期待を裏切る、③失望を 維持する、④失望を裏切る、の４つを使い分けましょう。①と④がプラス、 ②と③がマイナスになり、これらを組み合わせて期待値を上下させます。 たとえば「課題を解決するシステムの紹介（①）→ただしデメリットが ある（②③）→新システムはその欠点を解消（④）、のように話を展開 すると、聞き手は二度裏切られるので話が心に残りやすくなります。こ のときの期待値の変化は、以下の感情曲線のようになります。

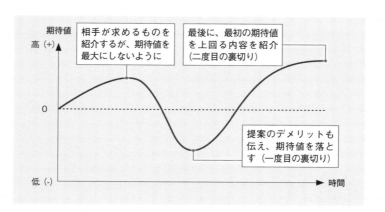

第 **4** 章

＼ 心に響けば行動につながる ／

相手を動かす
話し方・伝え方

説得型プレゼンでは、聞き手の行動を促すこと
が目標です。そのためには、わかりやすさだけ
ではなく、相手の心を動かすプレゼン技術が求
められます。どんな伝え方をすれば聞き手の感
情を引き出せるのかを理解し、「淡々としている」
といわれないプレゼンを目指しましょう。

「意味がわかる」だけでは
人は動かない

● 「わかりやすい」の次のステップ

上司に進捗状況を報告し、フィードバックをもらうような報告型の
プレゼンでは、わかりやすさが何よりも求められます。しかし、企画
を承認してもらったり、商品を購入してもらったりすることが目的の
説得型プレゼンでは、理解してもらうだけでは足りません。「話はわか
りやすいけど、それだけだよね」となってしまうことがあるように、「理
解してもらうこと」と「動いてもらうこと」の間には、大きな差があ
るのです。

伝わるだけのプレゼン

商品のPR

品質にこだわっ
た商品です

よい商品だと思
うけど、私はい
らない

企画のプレゼン

成功すれば会社
のイメージが
アップします

なんか好
きじゃな
いなー

● 人によって異なるポイント

会議などでは、事前の根回しが必要だとよくいわれます。これは、
ただ理屈を説明するだけでは人は動かず、直接話して、キーマンを説

得する必要性を示しています。**キーマンを動かすには、情熱が必要な場合もあれば、合理的な理由が必要になる場合もあります**。ときには「直接相談する」ということが重要だったりします。

必ずしも事前の根回しが必要なわけではありませんが、目的を達成するための有効な手段ではあります。動きたくなるポイントは人によって異なりますが、キーマンが賛成しているだけで、賛成してくれる人もいるからです。

● 目的達成のために手段を尽くす

本書では、プレゼンにおいて相手を動かすのに有効な方法を解説していきますが、**大切なのは目的達成のために手段を尽くす**ことです。「会議の座る位置を工夫する」「聞こえやすいようにいいマイクを準備しておく」「聞き手が疲れていない、午前中にプレゼンする」など、話し方以外にもできることはたくさんあります。

プレゼンをする目的は何なのかを再認識したうえで、やれることはなんでもするように心がけましょう。

話し方以外の工夫

事前の根回し

部長、相談したいことが…

席次の工夫

ここに座ったほうが発言しやすいな！

Point

☑ 理解しやすいだけでは、人は思い通りに動かない
☑ 動きたくなるポイントは人それぞれ異なっている
☑ 動かしたい相手に響くやり方を、探す必要がある

普段の信用を積み重ねる

● 誰が話すかは意外と大切

プレゼンというと、話す内容や話し方に意識が向きがちですが、実は誰が話すかも非常に重要です。過去に実績がある人とそうでない人では、**聞き手にあたえる安心感が変わってきます。**

ベテラン社員と新入社員、その分野に詳しい人とそうでない人、真面目な人と勤務態度が悪い人では、同じプレゼンをしたとしてもその印象は大きく異なります。

● 専門分野をアピールする

どうしても説得型プレゼンを成功させたいのであれば、地道にその分野での信頼を積み上げていくのが重要です。とくに社内プレゼンでは、話し手の実績や普段のキャラクターが知られた状態でプレゼンがはじまります。その分野の知識が少ないと思われたり、適性がないと思われたりしていると、よいプレゼンをしても承認してもらいにくいものです。そのため、自分が実現したい内容に関して、**普段から「自分はその分野が得意」なのだとアピールする**ようにしましょう。プレゼンの説得力が増すはずです。

また、普段のキャラクターも大切です。多くの人を動かすようなプロジェクトであれば、明るくハキハキとした人のほうが信頼でき任せやすく感じてしまうものです。そのため、根暗な人だと思われたら、承認者は不安に感じてしまいます。自分がしたい仕事の分野で、求められている人物像を意識してみましょう。自分のキャラクターと求められる人物像がマッチすれば、プレゼンが成功しやすくなります。

専門性があたえる影響

専門性なし	専門性あり

AだとBになるみたいです

この分野の実績がない○○君の話だけでは不安だな…

AだとBになります

○○君はこの分野に精通しているから安心だ！

可能ならばプレゼン前に、自分の専門性をアピールできる場をつくるようにする。それができない場合は、プレゼンの最初の挨拶で自分の専門性をアピールしておく。短い時間でもしないよりはよい効果が期待できる

• 有力者に協力してもらう

社内には、「この分野ならこの人」に任せれば安心という信頼と実績がある有力者がいるはずです。

そんな人に事前に協力してもらうと、プレゼンは成功しやすくなります。有力者に「この内容なら成功すると思います」と発言してもらうだけで、**承認者は安心して任せられる**ようになります。内容に関して問題ないことがわかるうえに、プロジェクトがはじまったあとも意見を聞ける人がいる安心感があるからです。有力者の協力が得られるように、社内コミュニケーションを大切にしておくのも、プレゼン成功に役立ちます。

☑ 話す人のキャラクターも影響をあたえる
☑ **専門性をアピール**することは有効
☑ その分野の有力者を味方につけるとよい

自分のイメージを
つくり上げる

● 一流の人も意識する「見られ方」

周囲からの信用を積み上げるには、**「他人から見られる自分」をコントロールする**という方法があります。企業の経営者や個人で活動している事業主などは、対外的な印象が業績に大きくかかわるために、客観視した自分のイメージを重要視しています。ときには外部の専門家に協力してもらい、服装や髪形、振る舞いや話し方からイメージをつくり上げているのです。そうすることで、部下に信頼されやすくなったり、取引先とスムーズに仕事ができるようになったりします。

● 期待される人になるメリット

自分が他人からどう見られているかを意識することは、経営者だけでなく、一般社員にも役立ちます。プレゼンの最中にあたえる印象を改善できるのはもちろん、普段から信頼されやすくなり、話に説得力が生まれるようになります。

信頼されるようになるメリットは、プレゼンだけではありません。周りから**期待されるようになれば、責任ある仕事を任される**ようになります。充実した社会人生活を送りたい人にとっては、周囲からのイメージをコントロールすることは必要不可欠なのです。

● イメージを設定してやりきる

自分のイメージをコントロールするためには、相手からどう思われたいのかを定義するところからはじめます。**大事なのは、中途半端**

にならないことです。「エネルギッシュ」「リーダーシップがある人」「親しみやすい」など、さまざまな理想像がありますが、「全部の要素を持つ人」を目指してはいけません。中途半端になってしまい、印象がぼやけてしまうからです。はっきりと目指す姿を言語化したうえで、それを具現化する服装や髪形、振る舞いを形づくっていきます。イメージに近い有名人を見つけて、参考にするのもいいでしょう。それをやり続けることで、周囲から自分のキャラクターが認識されます。

　自分のイメージをつくるのは、一見面倒なように思えますが、**自分のメンタルを守る効果もあります**。「仕事のときの自分はこういう人だ」というペルソナ（仮面）をつくることで、傷つきにくくなったり、オンとオフを切り替えやすくなったりします。

イメージコントロールのコツ

○ なりたい姿が明確	× 理想が中途半端
おはようございます	今日も、がんばろう！
明るくて親しみやすい	言葉と姿勢が一致してないな

なりたい姿を明確にし、言動や見た目を統一するのが大切。なりたい姿があいまいだったり、見た目や言動が一致していなかったりすると、発信力が弱くなってしまう

Point
- ☑ 他人からの見られ方は説得力に大きな影響をあたえる
- ☑ 見た目や言動を意識し、自分をコントロールする
- ☑ なりたい姿は中途半端にせず、明確に言語化する

「知ってること」を省くと 信頼感が増す

● 驚きのないプレゼンは飽きる

どんなにわかりやすい構成のプレゼンでも、それだけでは相手の心は動かせません。話は理解できても、知っている情報や予想を超えない情報ばかりでは、聞き手の行動は変えられないからです。

とくに重大な決断の場合は、**相手が知っている情報だけでは成功しません**。自動車を買うときに、「6人まで乗れます」「デザイン性に優れています」という説明だけでは相手は購入まで踏み切れません。「運転がしやすい」「家族全員が乗れます」というのもありきたりです。当たり前のことばかり話されると、聞き手はどんどん話を聞く耳を持たなくなっていきます。相手の時間を割いてプレゼンをさせてもらう以上、相手のためになるプレゼンにしましょう。

● 相手に響かせる意識を持つ

プレゼンでは、相手の気づいていない価値をイメージさせるのが重要です。車の例でいえば、ホンダは1996年に「ファミリーカーとしてのミニバン」としてステップワゴンを売り出しました。それ以前はファミリーカーといえばセダンであり、車は男性のロマンの象徴のように受け取られていました。そんな中、ステップワゴンは「こどもといっしょにどこいこう。」というキャッチコピーで、潜在的な価値をイメージさせることに成功したのです。

「こんな価値もあったのか!?」と聞き手に思ってもらえれば、相手の心は動きます。**相手の知らない価値を伝えるように意識して**プレゼンを考えるようにしましょう。

● 響くポイントを見つけよう

　相手が知らなかった情報であれば、なんでもよいわけではありません。コストを重視して 500 万円以内で車の購入を考えているお客様に「運転の気持ちよさ」をアピールしても、車の価格が 1000 万円では相手は購入してくれません。500 万円という制限の中でできる限りの提案をするか、コスト重視のお客様に響くように圧倒的な低コストを実現する必要があります。

　大切なのは、**どんなポイントに相手の心が動かされるかを理解する**ことです。プレゼンの内容は響くポイントを意識して、「この人だったら、こんなことに価値を感じてくれるはず…」と考えながらつくり上げていきましょう。

興味を引くプレゼンのコツ

✕ 当たり前のことを言う

この車は走れます

◯ 新しい価値を伝える

音響にこだわっていますので、音楽を流しながらのドライブが楽しくなります

「車は走るもの」ということは誰でも知っているが、「車は音楽を聞く場所である」という提案には新鮮さがあり、興味を引かれる

Point
☑ 知らなかった情報に人は興味を引かれる
☑ あたらしい価値を提供できると、説得しやすくなる
☑ 何に価値を感じるかは人によって異なる

共感が相手の行動につながる

●「実績」よりも大事なもの

若手社員は実績や知識が中堅・ベテラン社員とくらべて不足しているなどの理由で、相手の信用度が低い傾向にあります。信用度の低さを補うために有効な方法のひとつが、共感を得ることです。

過去には、「成功するためにはこうするべきだ」と熱く語り、周りを引っ張る実力や実績を伴うカリスマ性があるリーダーが注目されていました。しかし、近年はカリスマ性がある一人に依存したトップダウンのやり方は好まれにくくなっています。その傾向はプレゼンでも同様です。**聞き手の感情をくみ取るような共感性のあるプレゼン**が注目されています。

● 共感で人は動く

人は、自分の気持ちがわかってくれる人を信用してしまうものです。**自分の悩みや関心ごとを言語化**してもらえると、一気にプレゼンに引き込まれていきます。

例えば、「肌荒れを緩和する商品で、マスクによるトラブルにも効果があります」と言うのと、「コロナ禍のマスク生活で困っていることはないですか？　毎日マスクをつけることを強いられて、肌のトラブルを経験した人も多いかと思います。この商品はそんな悩みを改善できる商品です」と言うのでは、どちらの商品を買いたくなるでしょうか？後者のほうが悩みに寄り添ってくれているように感じるはずです。上記のような共感を得る話をするためには、相手の立場や気持ちを考えることが大切です。

● 問いかけが共感を生む

　共感を生むポイントのひとつは、左ページで紹介したような相手の悩みに気がつき、寄り添う姿勢を示すことです。

　それと同じくらい大切な共感を得るポイントがあります。それは、相手に問いかける姿勢です。プレゼンは聞き手に資料やパワポを見せながら一人で話していくものとイメージしがちですが、**淡々と話を進めていくプレゼンでは、共感は生まれません。**

　相手の様子を気にかけながら話したり、話の途中で「〜でしょうか？」「〜ですよね？」と聞き手に問いかけたりしてみましょう。

　そうすることで相手の目線で語りかけているような印象になり、共感が生まれやすくなります。

共感が訴求力を高める

 \NG!/ 肌荒れを緩和する商品で、マスクによるトラブルにも効果があります

 \OK!/ コロナ禍のマスク生活で困っていることはないですか？　毎日マスクをつけることを強いられて、肌のトラブルを経験した人も多いですよね。この商品はそんな悩みを改善できる商品です

相手の生活を見てきたように問いかけて話すことで、説得力と信頼性を演出でき、より聞き手に訴求できる

 Point

☑ 近年では共感を誘うプレゼンが注目されている
☑ 聞き手は自分の悩みに寄り添ってくれる人を信頼する
☑ 問いかける話し方でコミュニケーションを図る

写真・映像を使って イメージさせる

● 説得にはイメージの共有が大事

　共感してもらえるとプレゼンが成功しやすくなるのは、それによって感情が動くからです。そして、相手の感情を動かすもうひとつの方法が、相手にイメージさせるやり方です。どれだけ理屈を並べても購入まで踏み切れないお客様が、**自分がその商品を使っている姿がイメージできた**だけで購入に踏み切る場合があります。まるで自分が体験したかのようにイメージさせることで、感情が揺さぶられるのです。

● ビジュアルでイメージを伝える

　聞き手にイメージしてもらう一番シンプルな方法は、写真や映像を見せることです。「アウトドアにも使えるＳＵＶ」と言葉で説明されてもイメージしづらいものですが、キャンプ場でテントの横に停められているSUVの写真を見ればコンセプトが一目瞭然です。具体的なイメージを写真や動画で見せることができれば、聞き手は**「自分が実際に使っている姿」**などを想像しやすくなります。

● 言葉でイメージしてもらう

　写真や映像ではなく、言葉で相手にイメージしてもらう方法もあります。例えば、「6人乗りのミニバンです」と言うよりも、「ご家族全員でゆったりと乗車できます」のほうが、自分たちが乗車している場面が思い浮かびます。**映像が浮びやすい言葉を選ぶ**ことで、聞き手はイメージしやすくなります。

また、具体例を出すと自然とイメージが湧きます。「燃費がいい車です。例えば、1回の給油では東京から広島まで行けます」のように、身近な例を出すと聞き手には映像が浮かぶようになります。

イメージしてもらう方法例

写真を見せる

これが弊社の新型自動車です

ビジュアルで見せることで、説明しなくても細部まで理解できる

具体例を出す

東京〜広島まで1回の給油でいけます

身近な例を出すと、過去の経験と紐づけてイメージしやすい

具体的な数字を入れる

○○すれば売上が30％UPします

具体的な数字があることで、イメージがより具体的になる

成功事例を紹介する

A社では、××をして顧客満足度が95％になりました

実際の事例があることで、自らの立場に置き換えイメージすることができる

Point

☑ イメージが浮かぶと、感情が動き、納得しやすくなる
☑ 写真や動画を使うと、イメージが理解しやすくなる
☑ 具体例を出すと、イメージしやすくなる

「なぜ」から伝えると
共感しやすい

● 行動の理由が心に響く

相手を動かしたいときは、やり方やメリットだけでなく、何のためにやるかを伝えるのもおすすめです。とくに協力者になってほしいときこそ、**細部ではなく理念に共感できるかがポイント**になってきます。

例えば、経営者が「お客様へ対応するときは笑顔を絶やさず、長い時間を割いて対応してほしい」と従業員に伝えたいとします。それをそのまま話してしまうと、「忙しくて時間をたっぷりとっていられない」「笑顔よりも納得してもらえる説明に注力すべきだ」という異論が出てしまう可能性があります。

そこで「『親身な接客でお客様の人生を豊かに』を理念として50年やってきて、そこに魅力を感じてくれているお客様がたくさんいる。そういったブランドイメージが集客にもつながっているので、丁寧な接客を意識してほしい」と伝えると、従業員は納得しやすくなります。何のために行動するかが明確になると、聞き手は心が動きやすくなるのです。

● Why からはじめるゴールデンサークル理論

アメリカでビジネス系の書籍でベストセラーを出している、作家のサイモン・シネックは、優れた企業や人物が「Why（なぜするのか）」から中心に考え、行動しているという「ゴールデンサークル理論」を提唱しました。彼によると、**「How（どうやって）」や「What（何をするのか）」を最初に伝えても、聞き手の心には響かない**のだといいます。iPhone などの商品で有名な Apple 社が、「我々の技術で世界

を変えるために商品を出している」と理念を伝えて多くのファンを獲得しているように、「なぜやるか」を伝えるのが大切なのです。

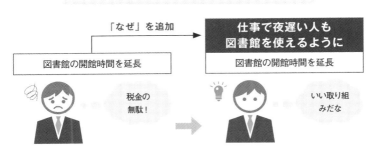

「なぜ」を先に伝える

「なぜ」を追加

図書館の開館時間を延長

仕事で夜遅い人も
図書館を使えるように
図書館の開館時間を延長

税金の無駄！

いい取り組みだな

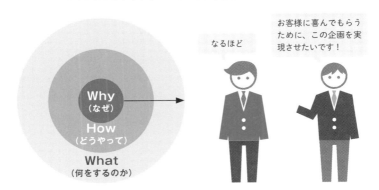

ゴールデンサークル理論の効果

Why（なぜ）
How（どうやって）
What（何をするのか）

なるほど

お客様に喜んでもらうために、この企画を実現させたいです！

理念を伝えることで、相手の心が動きやすくなる。別の理論では、商品やプロジェクトの最初期の支持者は、機能よりもコンセプトに惹かれてファンになるといわれている

Point

☑「なぜやっているか」を伝えると、納得しやすくなる
☑「なぜするのか」を中心に相手に伝える
☑ 優秀な企業や人は、理念を先に伝える傾向がある

「自分事化」で共感力アップ

● 聞き手との壁を取り除く

聞き手に共感してもらうためには、相手と自分の境目をなくしていくことが大切です。プレゼンではどうしても、話し手と聞き手がはっきり分かれてしまいますが、そこの溝が大きくなりすぎると、聞き手は「他人がなんかしゃべっている」という状態に陥ってしまいます。そうなってしまうと、プレゼンは聞き手にとって「他人事」であり、興味が薄くなってしまいます。

それを避けるために、**上手な話し手は聞き手との距離をなくす**ことを意識します。一対一で話しているように相手の目を見て話しかけたり、自ら聞き手に近づいていったりして、プレゼンを「自分事化」させています。聞き手にとっても、貴重な時間を使って聞いているのだから、本来は真剣に考えたいはずなのです。両者の間にある壁を取り除くことで、聞き手が真剣になり、心が動きやすくなります。

● 「私たち」で相手を巻き込む

話すときに、主語を「私たち」にすると、話し手と聞き手の分断を避けることができます。武蔵野大学アントレプレナーシップ学部の伊藤羊一学部長は、著書『1分で話せ』(SBクリエイティブ) の中で、「意見をすり合わせていく過程では、『私たちは』と言ったりする」と述べています。また、コロナ禍にNY州で知事を務めたアンドリュー・クオモ氏は、「我々はきっと乗り越えられます」と、不安を抱える市民に訴えかけました。「私は」と話すと、どうしても話し手の立場からの提案になってしまいます。「私たちは」「我々は」と集団目線での

発信をすることで、**話し手と聞き手が同じチームであることを強調し**て伝えられるようになるのです。

同じチームという意識を持たせる

私はこうするべ
きだと考えます

ふ～ん

提案➡他人事

私たちはこうす
るべきです

そうだな

集団目線➡自分事

主語が自分だと相手は他人事と感じて本気にならないので、主語を相手を含む形にすると、自分事だと感じて考えはじめる

ダメなプレゼンの例

聞き手と距離がある

私はこう
思います

自分とは
関係ないな

聞き手との距離(壁)をなくすために、相手の目を見たり、相手に近づいて話したり、主語を「私たち」とするなどしてみる

Point

☑ 一人称で淡々と話すと、**聞き手との距離**が開きやすい
☑ 目を見たり、近づいたりして、**聞き手を巻き込む**
☑ 主語を「私たち」とすると、**共感を得やすくなる**

感情を伝えると
納得してもらいやすい

● 感情が見えると安心する

感情的すぎるのも問題ではありますが、一切感情が伝わらないのもプレゼンとして問題があります。それは事実のみの羅列では、聞き手に共感してもらえず、**プレゼンが他人事のように感じられてしまう**からです。

例えば、「製造過程で紆余曲折ありましたが、最終的にたくさんのお客様に喜んでいただけました」と声に出して読んでみてください。「製造過程で紆余曲折ありましたが」を大変だったことを思い出すように、「お客様に喜んでいただけました」をうれしそうに話すと、聞き手は一緒に体験したかのような気持ちになります。逆に感情をこめずに話すと、「本当に大変だったのかな」「商品を買ってもらえたことにうれしさは感じないのかな」と不審に思われてしまいます。相手の心に響かせるには、感情が伝わることはとても重要なのです。

感情が共感を呼ぶ

製造過程で紆余曲折ありましたが…

ですが、お客様には喜んでいただけました

話す内容に応じて、感情を表現するようにしよう。聞き手に感情が伝染し、共感してもらいやすくなる

● 事実と感情をセットで伝える

　プレゼンで相手に動いてほしいときは感情を伝えると効果的ですが、**必ず事実とセットで伝える**必要があります。例えば、現場の負担が大きいのでシステムを導入してほしいと直訴する場合、「作業時間が圧迫されてつらいです」と感情を伝えるだけでは、相手に信用してもらえません。

　まずは、「部署の全員がその作業に毎月 10 時間拘束されており、ほかの業務ができないため、部署の 30％が月 20 時間以上の残業をしています」と事実を伝えた後に、「ほかの作業に割ける時間も減ってしまいつらいです。何とかなりませんか」と感情を伝えると相手に響きやすくなります。

　事実と感情を上手に相手に伝え、プレゼンを成功させましょう。

相手が動きたくなる感情の伝え方

\NG!／ 作業時間が圧迫されてつらいです。何とかなりませんか？

\OK!／ 部署の全員がその作業に毎月 10 時間とられており、全体の 30％が月 20 時間以上の残業をしています。ほかの作業に割ける時間も減ってしまいつらいです。何とかなりませんか？

Point
☑ 感情が伝わらないと、不審がられてしまう場合がある
☑ 気持ちが相手に伝わると、共感してもらいやすくなる
☑ 事実とセットで感情を伝え、動いてもらう

「このままだと危ない」で
相手が動く

● 不安をあえて煽る

　相手に共感してもらうのは、必ずしもプラスの感情とは限りません。**ときにはマイナスの感情のほうが行動につながります**。例えば、ある会社の施策を実現させたいとき、「この施策を実現させたいです」と言うだけでは、聞き手は真剣に検討してくれません。それを、「このままいけば10年後には当社は倒産します。それを回避するためにも、この施策が必要なのです」と伝えれば、より真剣に話を聞いてくれるようになります。

　不安や怒り、恐怖の感情は、ある意味では、プラスの感情よりも行動を促します。ただし、聞き手に強いストレスをあたえるため、使い方には十分注意しましょう。

● 乗り遅れを恐れる「FOMO」

　インターネットの普及でたくさんの情報が入ってくるようになると、自分だけが取り残されることに恐怖感を抱く人が増えてきました。こうした心理を**「Fear Of Missing Out（取り残されること、見逃すことへの恐怖）」**の頭文字を取って**「FOMO」**といいます。

　現代の社会問題にもつながる心理ですが、これを活用した手法も増えています。例えば、「今だけだったら、30％オフで契約できます」など、期限を設定するのもFOMOを刺激する手法です。そのほか、「他社もみんなやっています」とほかの人も興味を持っていることを知らせるのも「乗り遅れないで安心したい」という心理を逆手に取った手法です。

FOMO の例

時間切れ	仲間外れ	時代遅れ
「もうすぐできなくなる」というプレッシャーが、相手を動かしやすくする	周りがやっているのに自分だけやっていないのも、人は不安に感じてしまう	自分だけが浮いているのではないかという恐怖は若い世代に顕著

● プラスも伝えると効果大

危機感を煽るだけではなく、**メリットも同時に伝えると相乗効果があります**。例えば、「このままいくと倒産の可能性があります。しかし、この施策がうまくいけば売上 200％アップも目指せます」と話せば、やらない場合のデメリットとやるメリットの落差が印象に残ります。

不安を煽ったら安心させる

煽り＝不安にさせる	提案＝安心させる
このままでは倒産の危機！／動かなきゃヤバいのか!?	これを使えば一気に好転！／よかった！助かる！

Point

☑ 不安などの**マイナスな感情**は、人を行動に駆り立てる
☑ FOMO は、**若い世代にとくによくみられる**
☑ **プラスの効果**も伝えるとやる意義がより明確になる

ストーリーで
納得しやすくなる

● 変化はイメージに残りやすい

相手に効果やメリットをイメージしてほしいとき、ストーリーを語るというやり方が有効です。

例えば、「このシステムを導入する前は、従業員みんながとても苦労していた（起）」「システムを導入してみた（承）」「従業員が楽に作業できるようになった（転）」「そのおかげで業績が伸びた（結）」というように、起承転結でストーリーを語ると、どんなメリットがあるのかが理解しやすくなります。

相手に動いてもらうには、「起」の部分をより共感できるものにしたり、「転」や「結」を魅力的なものにしたりします。**「自分も同じようにすればうまくいく」**と思えるようなストーリー設定が、プレゼン成功のカギとなります。

● ストーリーで信頼をつくる

人は得体が知れないものに恐怖を感じます。なので、まずは**相手に自分たち（または商品）のことをよく知ってもらいましょう**。そんなときにもストーリーの力を利用することができます。

例えば、「福岡で創業し、地場食材にこだわった地元で大人気のプリン」といわれれば、ただ「福岡のプリン」といわれるより安心して食べてみたくなりませんか？　ルーツやこだわり、実績がわかれば、聞き手は自然と興味が湧いてきます。必要な要素を上手にストーリーに盛り込めれば、聞き手に抵抗感をあたえることなくアピールできるというメリットもあります。

● とにかくシンプルにする

ストーリーには、わかりやすさも重要です。いろいろな情報を詰め込みたいからといって、詳細すぎたり、複雑だったりするストーリーにしてしまうと、聞き手は興味を失くしてしまいます。自分たちや商品のことを語るときは、何にフォーカスしてどう語れば相手に響くかを意識してみましょう。

幅広い年代に性別問わずインパクトをあたえやすいのは、「逆境から這い上がった」「斬新なアイデアで成功した」などのストーリーです。「どんなところから自分たちは出発したのか」「どんなアイデアが売りなのか」をわかりやすく伝えることが重要になります。

好まれやすいストーリーの型

逆境乗り越えパターン

シンデレラのように不遇だった時代を乗り越えて、成功を手にしたというケースは人の心に残りやすく、応援されやすい

斬新なアイデアパターン

普通の人がふとしたときに思いついたアイデアで一世を風靡するケースは、アイデアを思いついた経緯も含めて記憶に残りやすい

Point

☑ ストーリーがあると、聞き手は**全体像**が理解しやすい
☑ ストーリーの力で**信頼がつくられる**
☑ ストーリは複雑にせず、理解しやすいものを採用する

詳細な描写で
映像をイメージしてもらう

● あいまいだと動いてもらえない

　プレゼンでは相手に動いてもらうことを意識することが重要です。そのためには、相手に**どのように動けばいいか**具体的に理解してもらう必要があります。

　例えば、「誠心誠意、お客様のためにがんばっていきましょう」と言うだけでは、聞き手は何をしていいかわかりません。「そのためには、まずは元気な挨拶と、笑顔を意識しましょう」と言われれば、やることが明確で実践しやすくなります。

● 抽象的な「ビッグワード」に注意

　普段よく使ってしまうものの、**抽象的で相手が理解しにくい言葉が「ビッグワード」**です。例えば、「たくさん」は数量にまつわるビッグワードです。「たくさん用意してくれる？」と伝えておいて、自分は100個ぐらいだと思っていたのに相手は20個しか用意していなかった、といった行き違いがビッグワードを使うことで起こってしまいます。ビックワードを使うと相手に取ってほしい行動が、結果として取ってもらえなくなってしまうリスクがあります。なので、相手にしてほしい行動は具体的に数字などを交えて伝えましょう。

● 映像が浮かびにくくなる

　勘違いや行き違いをさせやすくなってしまう以外にも、ビッグワードを使うデメリットがあります。それは**聞き手がイメージしにくくな**

ることです。「私が若い頃〜」と「私が大学生の頃〜」と言うのでは、後者のほうが聞き手の頭に映像が浮かびやすくなります。「若い」は年齢にまつわるビッグワードのひとつですが、ビッグワードの使用を避けて具体的に描写をすることで、聞き手はイメージしやすくなり、話に引き込まれていきます。

つまらない話の特徴のひとつに、ビッグワードが多用されていることが挙げられます。プレゼンをするときはもちろんですが、日常の会話でもビッグワードの使用は避け、相手が具体的なイメージができるような会話を意識するようにしましょう。

ビッグワードのデメリット

行き違いが起きる

100個ぐらい

20個でいいか

たくさん持ってきて

ビッグワードでは正確な情報伝達ができない。数字を使ったり、もっと範囲を絞る単語を使ったりして、行き違いが起こらないようにしよう

イメージしにくい

いつ、どうやって使うんだ？

困ったときに便利です

聞き手はイメージが膨らませられないと、聞くのがつらくなってくる。もちろん心を動かされないので、ビッグワードは極力使わないようにする

Point ☑ ビッグワードの使用は避ける
☑ あいまいな言葉は、共通認識にずれが生じやすくなる
☑ イメージが湧かないと、話が理解しにくい

自信があるように見せる

● 聞いてもらえなければ意味はない

プレゼンでは、どんなによい内容を話していても、失敗する場合があります。その原因のひとつに挙げられるのが話し方です。

声が小さかったり、話の間が悪かったり、話が単調だったりして、結果として**聞き手に興味を持ってもらえず**にプレゼンが失敗してしまうのです。

話を聞いてもらえないようでは、どんなに内容がよいプレゼンも成功しません。「つまらない話をする人だな」と思われてしまえば、その人自身が持つ説得力も弱くなってしまいます。

● 内容と自信は無関係

「プレゼンの内容に自信がないから、発表もうまくいかない」という人が時々いますが、**話す内容と自信があるように見せることは無関係**です。

「TEDxNewYork」で行われた、ウィル・スティーヴン氏の「頭よさそうに TED 風プレゼンをする方法」と題されたプレゼンでは、大した話をしていないのに、見事に自信にあふれたプレゼンを披露しています。「身振り手振りを激しくする」「観客に質問する」「統計やデータを見せる」といった手法を駆使して、あたかもすごい内容を話しているように見せかけています。

TED のパロディではありますが、この動画を見れば、どんな内容でも人を惹きつけられることがわかります。「頭よさそうに TED 風プレゼンをする方法」と検索して、ぜひ一度見てみてください。

● 自信は練習で身につく

せっかく時間をかけて内容をつくっているのであれば、それを無駄にしないためにも、プレゼンの練習をしましょう。表情や姿勢、手の動きなどを意識したり、声の大きさや速さを聞き手の立場になって調整したりします。それを繰り返していくと、自然とプレゼンに自信が持てるようになります。

プレゼン内容はそのとき限りのものですが、**プレゼンの技術は一生仕事で使えます**。積極的に練習して、苦手意識を克服するようにしましょう。

練習方法としては、第三者に聞いてもらうのがおすすめです。それが難しければ、スマホで自分のプレゼンを録画しチェックします。

自信たっぷりに見せるコツ

データを堂々と見せる

数字はあるだけで説得力があるように見える。堂々と説明できれば、それだけで聞き手は惹きつけられる

大きな声で話し、間も取る

私がここで言いたいのは(間)

…Aです！

淡々と話していると、聞き手は眠くなってしまう。抑揚をつけて話すように意識しよう

Point
- ☑ 内容にかかわらず、**自信に満ちたプレゼンをする**
- ☑ 練習で、振る舞いや話し方を上達させることが必要
- ☑ 身につけたプレゼン技術は、ずっと使い続けられる

具体的な数字で
インパクトを残す

● 数字を使うメリット

プレゼンにおいて、数字は重要です。100ページで紹介したようにビッグワードを使い、「かなり売上が伸びた」と伝えられると人によって思い浮かべる数量が異なってしまいます。逆に「2000万円売上が伸びた」と具体的に言われれば、思い浮かべるイメージは誰でも等しくなります。**数字を使えば、口下手な人でも確実に正確な情報を共有できる**のです。

● 理解が深い人に見える

数字をスラスラと伝えられると、仕事ができる人に見えるという効果が期待できます。「今月は1026人のお客様が新規に入会され、売上は先月比で28%増加しました。新規に入会されたお客様の48%がウェブ広告を見ていたため、引き続きウェブ広告に注力していきます」と言えば、**事業についての理解が深く、数字を綿密に見ている人**だと認識されます。逆に「今月はたくさんのお客様が入会し、売上がかなり伸びました。半分くらいがウェブ広告を見ていました」と数字を使わずに伝えるとどうでしょうか？ あたえる印象が大きく異なることがわかるかと思います。

● 数字はそのまま使う

細かい数字をわかりやすいように「約1000人」などとする人がいますが、そのまま伝えたほうがいい場合があります。「今月は約1000

人が新規入会し、売上は先月比でおよそ30％増加しました。だいたい50％がウェブ広告を見ています」と数字を丸めてしまうと、リアリティが感じにくくなってしまいます。丸めた数字のほうが自分は覚えやすいかもしれませんが、相手は正確な数字で判断したい場合もあるので、**数字はそのまま伝える**ように心がけましょう。

数字を丸めてしまうことで、「その数字に自信がないのかな？」「都合の悪い数字をごまかしているのかな？」などと相手に疑いの目を向けられる可能性もあります。

数字のあたえる影響

 ＼OK！／ 今月は1026人のお客様が新規に入会され、売上は先月比で28％増加しました。そのうちの48％でウェブ広告を見ていました

 ＼NG！／ 今月は約1000人が新規入会し、売上は先月比でおよそ30％増加しました。だいたい50％がウェブ広告を見ています

 ＼NG！／ 今月はたくさんのお客様が入会し、売上がかなり伸びました。半分くらいがウェブ広告を見ていました

数字を細かく伝えると、リアリティが伝わりイメージしやすい。正確な数字を把握していることが、印象アップにつながる場合もある

 Point

☑ 数字は正確な情報を、簡単に伝達できる手段である
☑ 細かい数字を伝えると、リアリティが相手に伝わる
☑ 数字は丸めずにそのまま伝える

数字の魔術で印象を変える

● 伝え方で印象が異なる数字

そのままではインパクトがないような数字でも、工夫すれば相手の心を動かすことができます。例えば、仕事を受注するか悩んでいるときに、「毎月5万円の売上になります」と言われると少ないように感じます。しかし、「1か月の経費の10倍の売上になります」、または「10年で600万円の売上になります」と伝えられると、多いように感じないでしょうか? **数字は見せ方によって印象が大きく変わる**という特徴を持っています。

● ほかと比較する

数字を特徴的に見せるには、**数字同士を比較するというテクニック**が有効です。例えば、100円買ったら1ポイントつくポイントカードを発行するお店があったとします。そのまま「100円買ったら1ポイント」と言うとお得感があまりありませんが、「ポイント還元率が他店の10倍!」などと他店の数字と比較すれば、多くのお客様に興味を持ってもらえるはずです。実際は「1000円で1ポイントつくお店」と比較しているだけなのですが、「○倍」というのは聞き手を惹きつける魅力があります。単純に数字を比較するだけでなく、このような工夫をするとよいでしょう。

● 日数を活用する

数字を日数などに変換するのも、よく使われる手法です。インター

ネットの通信料などで、「1か月無料」などの表記を見かけないでしょうか？　実際は 3500 円程度の割引でも、「1か月無料」と言われると得をしたように感じてしまいます。

また、「1年分プレゼント」なども、キャンペーンなどで注目を集めるために使われる文言です。1年分というととても多いように感じますが、数字にすればせいぜい 365 個。「1年＝長い期間」というイメージがあるため、あたえるインパクトが大きくなります。

同じ数字を使うのであれば、**なるべく聞き手に興味を持ってもらえるほうを選びましょう。**街中で印象に残る数字を思い出してみたり、プレゼンで使う数字を振り返ってみて、工夫できる箇所を探してみるのもおすすめです。

比較して印象を変える

✕ 比較せずそのまま伝える

導入すると月20万円で600個運べます

伝え方によっては相手がピンと来ない数字もある。すごいデータだったとしても効果が半減してしまう

○ 比較する

1人分の人件費で3人分の働きができます

わかりやすい比較対象があると、数字のインパクトは大きくなる。相手に身近なものと比較するとよい

Point

☑ 数字は**比較する**ことでよりインパクトを持つ
☑ 日数などに置き換えると、よりお得感を演出できる
☑ 興味を持ってもらえるように**数字を工夫する**

声で感情を揺さぶる

● 第一声がもっとも重要

　最初にもたらされた情報が強く相手に影響をあたえることを、心理学では「初頭効果」といいます。第一声で、「声が小さいな」「なんかつまらなそうだな」と認識されると、挽回するのが難しくなります。

　そのため、プレゼンで失敗しないためには、第一声が非常に重要になります。緊張や雰囲気に負けて声が小さくなったり、震えたりしないようにしましょう。第一声は、一番後ろの壁まで届くように、**はっきり大きく話す**ようにしましょう。当然そのあとも全体に届くように話しますが、第一声はとくに大きな声で端まで届かせるように意識しましょう。

● 大事なことは繰り返す

　伝えたいメッセージを相手に印象に残すおすすめの方法は繰り返し言うことです。

　例えば「担当者が熱心で○○という実績もあります。だからA社がおすすめです。本当にA社がおすすめです」と2回繰り返して言えば、「A社がおすすめ」というメッセージを相手に強く印象づけることができます。1回では「本当かな？」と思われるかもしれませんが、2回言えば心からそう思っているような印象をあたえられ、聞き手の心が動きやすくなります。

　しかし、ただ繰り返すのでは十分な効果が見込めません。言い方も重要です。**2回目にはゆっくりと、低めの声で伝える**ようにしましょう。大事なことを心から伝えているような印象をあたえます。

● 重要なところで間を取る

　話の間を取るときは、無意識のうちに資料の確認をしたりするタイミングなど、自分が間を取りやすいタイミングにしてしまいがちになってしまいます。そのような無意識の間もムダではありませんが、意識的な間を取ることはとても重要です。とくに重要な箇所では、意識的により大きな間を取るようにしましょう。

　間は聞き手がイメージするための大切な時間ですが（74ページ）、**「これから重要なことを話します」**という合図にもなります。せっかくつくり上げた内容も、一番心を動かしたい箇所でスラスラ話してしまっては効果が半減です。一番訴えたい箇所では、大きく間を取るようにしましょう。

話すときのポイント

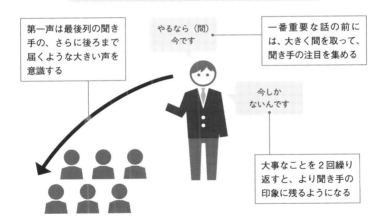

第一声は最後列の聞き手の、さらに後ろまで届くような大きい声を意識する

やるなら（間）今です

一番重要な話の前には、大きく間を取って、聞き手の注目を集める

今しかないんです

大事なことを2回繰り返すと、より聞き手の印象に残るようになる

Point

☑ 第一声は後ろの壁にまで届くような大きな声で
☑ 注目してほしいところで、意識的に**大きく間を取る**
☑ 繰り返し、2回目はゆっくり低い声で話す

COLUMN 4

2案を提示するだけで
採用率は上昇する

　プレゼンで商品やサービスの魅力を伝えて採用してもらうために
は、プレゼンの基本を身につけることが最重要です。しかし、基本を
身につけても採用されないということは当然あります。プレゼンや提
案の質に自信があるのに採用されないという場合に、採用される可能
性を高めるおすすめの方法があります。

　それは、2つの案を相手に提示することです。人は、選択肢がひと
つしかないと「ほかのよい方法があるのでは？」と、決断を先延ばし
にし、反対に複数の選択肢があると、「その中からよい方法を選ぼう」
と考える傾向があります。

　複数の選択肢があることで、その中から選ぼうという前向きな思考
が生まれ、プレゼンが採用される可能性が高まるでしょう。

提案がひとつの場合	提案が2つ以上の場合

この案は悪くないけど、次はもっといい案が出てくるかもしれない

この2案を比較してよい案を選ぼう

案を2つ出すことで、「真剣に考えてくれたのか」と相手に思ってもらえる効果も
期待できる！

第 5 章

\ キーマンを狙い撃ちする /

聞き手の
徹底分析術

プレゼンで目標を達成するには、決定権や影響力を持つキーマンに思い通り動いてもらう必要があります。そのために必要なのが、キーマンの徹底的な分析です。どんな伝え方がキーマンに響くのかを知りさえすれば、プレゼンの難易度は大きく下がります。

「ダメ出ししそうな人」への対策を考える

● プレゼンが成功しない隠れた理由

プレゼンが何度も失敗してしまうと、プレゼンの内容が悪いのだと思ってしまいがちです。「提案が悪いのだろうか」「根拠の論理がおかしいのだろうか？」と考えてしまう人が多いでしょう。しかし内容が、プレゼンがうまくいかない理由ではない可能性もあります。

本書で学んだプレゼンの技術でうまくいかない…そんなときに目を向けてほしいのは、聞き手についてです。とくに決定権を持っていたり、影響力が強かったりする人（＝キーマン）に着目するのが、プレゼン成功への糸口となります。

4章で学んだように、プレゼンにはさまざまなコツがあります。その中からキーマンに合った手法を選べるようになれば、プレゼンの成功率は上がります。適した手法を選ぶには、まずは相手を知るところからはじめましょう。相手の属性や好みなど、頭の中がわかるようになれば、難しく感じていたプレゼンもうまくいくようになります。

● キーマン攻略がプレゼンの目標

説得型プレゼンの目標は、聞き手に思い通り動いてもらうことです。プレゼンで毎回失敗しているのであれば、**キーマンの心に響いていない**といえるでしょう。

また、キーマンが反対して、決定権を持つ人の印象が悪くなる場合もあります。ほかの人からは高評価なのに、キーマンに否定されるようならば、キーマンの分析をしてみましょう。キーマンを攻略すれば、プレゼンが成功しやすくなります。

失敗の隠れた原因

 内容が悪い

単純に内容が悪い場合もあるが、内容がよくてもプレゼンがうまくいかないこともある

○ **キーマンにハマってない**

なんか嫌だな　キーマン

失敗を繰り返している場合は、キーマンの価値観に合わないプレゼンをしてしまっている場合が多い

キーマン攻略の手順

STEP①
ハマってない人を見つける

よくないんじゃない

毎回あの人だ

目を背けてしまいがちだが、自分のプレゼンに反対しやすい人をリストアップする

STEP②
相手を知る

なぜ毎回気に入ってもらえないんだろう？

そもそもどんな人かな

相手の情報や好みをリサーチし、自分のプレゼンがどうすれば認められるかを考える

Point
- ☑ 同じ人からのダメ出しが続く場合は要注意
- ☑ プレゼン成功のカギを握る相手を**キーマン**という
- ☑ キーマンの頭の中を知ることが大切

聞き手の基本情報を
頭に入れる

● 嫌いな人から目を背けない

　毎回ダメ出しをする人に、悪い感情を抱いてしまう気持ちはわかります。しかし、プレゼン成功には**キーマンの攻略が重要**です。キーマンのうち、どの人に自分のプレゼンが響いていないかをあらためて見つめなおし、相手を知るところからはじめてみましょう。

● 年代や経歴で異なる価値観

　攻略したいキーマンの年齢や出身地、経歴などの基本情報を知っていますか？　年齢や出身、仕事の遍歴などは、相手を知るヒントになります。**人は年齢や経歴などで価値観が異なり**、性格に影響をあたえます。自分と違うバックグラウンドがあることを意識すると、自然と相手の価値観に考えを巡らせるようになります。

● 他人に影響されている場合も

　キーマンを形づくっているのは、過去の経験だけではありません。**会社での立場から、他人に影響を受けている場合もあります**。例えば、主張の強い社長の下で長年仕事をしてきたようなキーマンであれば、頭の中には「社長がどうすれば動いてくれるか？」という考えが常にあるはずです。その観点から物事を判断している場合、社長の判断の傾向を知ることが、キーマン攻略につながります。

　キーマンが何に影響を受けているかは、相手によって大きく異なります。普段からキーマンの言動を観察してみるようにしましょう。

価値観のもととなる要素

年齢	出身	経歴

昔は大変
だったよ

年代によって、触れたも
のや体験したことが異な
るため、価値観が変わる

海外出身だからズ
バズバ言っちゃう

地方や海外など、多様な
バックグラウンドが価値
観の違いを生む

これくらいは
できるよね

キャリアの歩み方により、
考え方に違いが出る

キーマンが意識していることを探ろう

OKが
でないなあ

社長がこう
いうの嫌い
なんだよな

自分　▶　キーマン　▶　社長

キーマンもすべての権限を持っているわけではない。キーマンが何に注意を払っている
かを知ると、攻略に役立つ

Point

☑ **相性が悪い**からこそ、相手を知るのが重要
☑ **年齢や出身**などの基本情報が相手を知る第一歩
☑ **キーマンの人間関係**も、頭の中を探る方法のひとつ

「その後の行動」を
イメージする

● 重要な情報が足りていない

　プレゼンにおいて、一番気をつけたいのが判断に必要な情報が不足していることです。自分のアイデアや情熱を優先させてしまうと、相手が知りたい情報が漏れてしまう場合があります。**何よりもまず、聞き手側の立場に立って、どんな情報が必要なのかを考えるようにしましょう。**

情報不足で認めてもらえない場合

この企画は将来性があります

今、社会に必要です

予算は？

プロジェクトの意義や価値を訴えたくなってしまいがちだが、キーマンにとっては実現可能性や予算が気になるもの。そういった情報が不足していると、承認してもらいにくくなる

● 説明を何に使うか

　聞き手がどんな情報を知りたいかを理解するには、**キーマンがプレゼンで得た情報を使って何をするかを考えてみましょう。**キーマンである課長が、社長に報告するのであれば、プロジェクトのわかりやすさや正確な予算などの情報が必要です。キーマンがその後のプロジェ

クトの運営に携わるのであれば、末端にまで正確に伝わるような簡潔なコンセプトが必要になります。

キーマンがプレゼンで得た情報をどう活かすのか、具体的にイメージする習慣をつけるようにしましょう。

● キーマンを助けてあげよう

重要な役職についている人や周囲から期待される人は、大きなプレッシャーにさらされているものです。業務量も多く、時間にも追われています。**そんなキーマンにとって、知りたい情報が簡潔にまとまっているプレゼンは重宝します。**キーマンの業務を助けるつもりでプレゼンができれば、きっとキーマンからの評価も高くなるはずです。

キーマンの説明の使い方例

上司への報告	プロジェクトの運営

社長、あたらしいプロジェクトですが

ウム

キーマン　社長

今日中にここまで進めよう！

はい！

キーマン

わかりました！

キーマンが上司へ報告する場合、上司が気になりそうな情報がそろっているとキーマンはとても助かる

キーマンが進行にかかわる場合、関係者に伝える情報がそろっていると、実作業に入りやすくなる

Point

☑ キーマンが**知りたい**情報を漏れなく入れ込む
☑ キーマンがプレゼンで得た情報を**何に使うか**考える
☑ キーマンは**必要な情報がまとまった**プレゼンを求める

聞き手の恐怖心と願望を
洗い出す

● キーマンが恐れていることは何か？

聞き手が知りたい情報を知るには、相手が恐れていることを理解するという方法もあります。**プレゼンにおいてキーマンがプロジェクトの失敗を恐れているのであれば、成功する確率が高いと思わせるような判断材料を提供します。**キーマンの上司のリアクションが気になっている場合は、上司が納得しそうな情報を伝えます。

恐怖心が行動につながる例

上司に怒られるのが嫌だ	詳細を教えてほしい

すみません　　あの件はどうなってるんだ！

正確に報告しろ！　　申し訳ございません

キーマン　　　　　　上司

キーマン　　　　　　自分

上司に怒られたくないという恐れは、キーマンにもある

細部まで質問されても答えられるように詳細を知りたがる

● 特定の人にダメ出しされる理由

恐れていることがあるのに、関係ないことを長々と話されたら聞き手はどのように感じるでしょうか？　「それよりも重要なことがあるの

に……」「早く聞きたい情報を教えてほしい」といら立ちを感じてしまうかもしれません。とくに相手が恐れていることがある場合は、ほかの情報に優先して安心する情報を教えてあげるようにしましょう。

いつも同じ人にダメ出しされる場合は、**その人が恐れていることをケアする情報が伝えられていないのが原因かもしれません。**

● 実現したいことが行動につながる

願望を分析することもキーマン攻略に役立ちます。キーマンの**願望でよくあるのは、結果を出す（業績を上げる）**ことです。ほかにも、「労働環境の改善」「若手社員の成長」「経費削減」なども願望として考えられます。キーマンが何を実現したいと思っているのかを考え、プレゼンに臨みましょう。

キーマンの願望例

すごいプロジェクトを成功させたい	斬新なアイデアを知りたい

成功に対して執念を見せる、モチベーションが高いキーマンもいる

独自の視点を持つキーマンは、過去の言動から評価するポイントを見抜こう

Point
☑ キーマンの願望や恐れを考える
☑ 恐れの感情は、優先的に考える
☑ 売上増や労働環境改善などの願望を見抜こう

心配性な人には
リスクをケアする

● 相手の懸念を理解する

　プレゼンで小さなリスクを指摘されて困惑した経験はないでしょうか？　「そんなこと心配しなくても、はじめてしまえば何とかなる」と思ってしまいがちですが、真っ向から反論してしまうのは得策ではありません。**相手も豊富な経験から心配しているため、そのリスクを考慮しないと反感を買ってしまいます。**

　大切なのは、「そんなリスクは心配する必要はない」と否定するのではなく、その懸念点を受け入れることです。リスクがあると認識したうえで自分の意見や行動方針を示すようにしましょう。

心配事を軽く扱わない

✕ リスクを否定する	◯ リスクを肯定する

その心配は
いりませんよ

確かにそのリスクは
あります。しかし～

なら OK！

指摘されたリスクを真っ向から否定しないようにする

指摘されたリスクを認めたうえで、メリットを優先するか対応策を伝える

● リスクを洗い出してあげる

　細かなリスクが気になるかどうかは、相手の性格による部分もあり

ますが、責任がある立場であれば心配性になるのも仕方がない面もあります。

　考えられるリスクは、小さいものも含めて事前に洗い出すようにしましょう。プレゼンでどの部分まで伝えるかは、相手の性格を見て判断します。すべてに完全な対応策がなくても、リスクを認識しているだけで、相手としては安心できるようになります。

●リスクとメリットを比較して伝える

　相手がリスクを気にしている場合は、「おっしゃる通りのリスクはありますが、〇〇というメリットもあります。進めてみるのも手かと思うのですがいかがでしょうか？」などと、**リスクとメリットを比較したうえで、メリットの大きさを訴える**ようにしましょう。

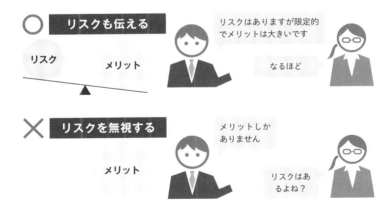

リスクの大きさを正しく伝える

○ **リスクも伝える**

リスク　　　メリット

リスクはありますが限定的でメリットは大きいです

なるほど

✕ **リスクを無視する**

メリット

メリットしかありません

リスクはあるよね？

Point

☑ **心配性な人**に、「心配する必要はない」は禁句
☑ **リスクの存在を認め、議論をする姿勢が大切**
☑ リスクを細かく把握し、冷静に**メリット**を主張する

疑り深い人には
実績を伝える

● 最後まで話を聞いてもらう方法

キーマンが自分の言うことをなかなか聞いてくれないときは、**相手の心理や性格を見抜く必要があります**。それでも攻略の糸口が見つからないときは、相手の警戒心を緩めるテクニックを使うようにしましょう。

● 悩みを言い当てて信頼してもらう

そのテクニックとは「相手の悩みに寄り添う」というやり方です。ビジネスにおける願望としては、「売上のアップ」や「労働環境の改善」などが挙げられます（118ページ）。しかし、それらはそう簡単に達成できるものではありません。どうやれば実現できるか、どんな会社の人も日々頭を悩ませているものなのです。そこへ、「○○といったことでお悩みではないですか？」と悩みを的確に見抜いてくれる人が現れたらどうでしょうか？ 「この人なら解決策を教えてくれるかもしれない」と話を聞いてもらいやすくなります。

● 客観的な裏づけを見せる

話を聞いてもらって安心してはいけません。話し手としては契約にこぎつけるのが目的ですが、疑り深い人は話を聞いただけでは行動に移してはくれません。「これまでの実績」「満足度などの数字」「アフターサービス」など**信じる根拠がなければ、信頼してはもらえない**のです。相手のタイプに応じて、信じるに足る根拠を用意するようにしましょう。

アピールは信頼されてから

✕ いきなり話す	◯ 悩みを言い当てる

聞いてください、うちの商品はすごいんです

なんか怖いな

いきなり商品の説明から入っても、聞き手には信頼してもらえない

○○でお悩みですよね？

おお！この人ならいい話が聞けるかも

自分の悩みを理解したうえで準備してきていると思われると、話を聞いてもらえる

信頼される裏づけの種類

数字

123

顧客満足度や業界シェア、返品率など数字による裏づけは安心感を生む

お墨つき

この商品はいいよ

医者、学者、有名人などがその商品を認めていると、顧客は信頼しやすくなる

アフターサービス

契約後のサポートがあれば、疑り深い相手も安心して契約できるようになる

歴史

創業100年の実績など、歴史があるだけで、信頼される場合がある

Point

☑ 疑り深い相手には、**悩みの共感で信頼を得る**

☑ 話をした後も、**信頼してもらうための情報を提供する**

☑ 満足度や実績など、**客観的な情報が信頼感を生む**

「セルフダメ出し」を徹底する

● 他人視点で見直してみよう

　時間をかけてプレゼン内容をブラッシュアップしていると、「完璧なプレゼン準備ができた」と、思ってしまうものです。自分の中でベストを尽くそうとする姿勢は素晴らしいのですが、自分の世界に入り込んでしまって、客観的な視点が抜けていないかチェックするようにしましょう。

　自分以外の他人が準備したプレゼンを見るような気持ちで、内容を見直してみます。すると、「言っていることがあいまい」「データを都合よく解釈している」「主観と事実が入り混じっている」など、欠点が見えやすくなります。

視点を変えるとよりブラッシュアップできる

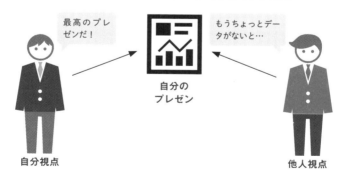

最高のプレゼンだ！

もうちょっとデータがないと…

自分のプレゼン

自分視点

他人視点

労力をかけた分、自分がつくったプレゼンへの評価が甘くなってしまうことはよくある。会心の出来だと思ったプレゼンも、他人視点から見ると気になる箇所が出てくる

● キーマンの傾向をインプットする

　他人視点で見直すときに役立つのが、**過去のキーマンの言動**です。過去の会議などでの発言を覚えておくようにすると、プレゼンを見直すときのポイントが明確になります。

● キーマンの視点で見直す

　見直すときは、キーマンを自分に憑依させるような気持ちで取り組みましょう。実際にその人になり切って見直してみると、指摘されそうなポイントがどんどん出てきます。**自分が頑張ってつくったプレゼンにダメ出ししようとすると、どうしても甘さが出てしまいます**。キーマンになり切れば、そういったバイアスなしに自分のプレゼンを評価できるので、結果的に内容をよりブラッシュアップできるようになります。

なり切れる人が多いとクオリティが上がる

Aさんはデータ重視だから数字を入れよう

Cさんは話し方も気にするな

Bさんだったらここを突っこみそうだな

いろいろな同僚の情報をインプットし、なり切れるようにすると、別々の視点からプレゼンを見直せるようになる

Point

☑ 自分の世界に入ってしまうと、**客観性**が欠けてしまう
☑ 他人視点でプレゼンを見直すとクオリティが高まる
☑ キーマンになり切ってプレゼンを見直すのが重要

関係の深さで
話の構成を変える

●「誰が話すか」を明確にする

　自分のことをあまり知らないような相手に動いてもらうためには、慎重なアプローチが必要です。関係が築けていない相手には、**自分がどういう立場の人間で、どんな経験から話をするのかを明確に**しましょう。「よくわからない人」から「その内容に詳しそうな人」という認識に変わるだけで、相手の話を聞く姿勢が変わります。

●本題に入りやすくする

　導入で、プレゼンの目的をあらためて伝えるのもおすすめです。聞き手は事前にプレゼンの内容は理解していますが、最初に再確認できると、安心して聞くことができます。関係性が薄く、信頼されていない相手には、「○○をご理解いただきたく、プレゼンをいたします」のように、**プレゼンの目的を伝える**ようにしましょう。

　目的を伝えるメリットは、話し手にもあります。何の話をするか明確に伝えられ、本題にスムーズに入れ、話がぶれにくくなります。

●導入がいらない場合

　早く本題に入ったほうがいいケースもあります。聞き手が自分のことを知っている場合には、自己紹介は不要です。また、相手がその分野の知識が豊富なのであれば、前置きはせずに、早めに本題に踏み込んでいくのもいいでしょう。導入の工夫はメリットもありますが、**急いでいる相手には逆効果になるケースもあります**。

聞き手が事前に知りたいこと

話し手は誰か？

この人は誰？

よく知らない人の話は説得力が半減する。身元が明確になると聞き手は安心する

プレゼンの目的

本日は○○について知っていただくためにお話します

何のために話を聞けばいいかがわかると、話に集中しやすくなる。

導入が不要なケース

話し手のことをよく知っている

私は管理者として2年〜

知ってるよ

自分の経歴をアピールすることは、付き合いの長い相手には冗長になる

知識が豊富

この商品はそもそも…

専門家なんだけど

専門家に対しては前提知識の説明は不要。論点を明らかにして端的に説明しよう

Point

- ☑ 関係が築けていない相手がいるなら、**自己紹介をする**
- ☑ 導入で**プレゼンの目的を話す**と相手が安心する
- ☑ 聞き手との関係によっては、**導入を短くする**

「その場のルール」に合わせる

● 会社ごとにもルールがある

　会社や部署など**聞き手が所属する組織の特徴もインプット**しておく
といいでしょう。社内プレゼンであった場合は、会社のプレゼンの基
本的なルールを意識しましょう。「必ずワードでまとめる」「パワーポ
イントは 6 枚以下に抑える」など、会社ごとにプレゼンのルールが
決まっている場合もあります。決まりから逸脱したプレゼンは評価が
下がるので注意しましょう。

分析する対象の例

会社	部署	個人
プレゼンの形式や発表時間などが、明確に決められている会社もある	部署ごとにルールがあることも。他部署へプレゼンする場合は意識する	価値観や判断基準には個人差があるので、キーマンを分析する

● 相手のこだわりを理解する

　プレゼンのルールだけではなく、**重視するポイントにも会社や部署
の特徴が出ます**。どういったポイントに重きを置いているのかを事前
にリサーチするようにしましょう。取引先の場合は、過去の取引や会

話、社風などから推測することもできます。社内の場合も、とくに他部署へプレゼンする際には、傾向を把握しておくことをおすすめします。ときには必要性がよくわからないルールがあることもありますが、それを否定せずに対応すると信頼されるようになります。

● 空気は読んでも本質は忘れない

会社や部署に合わせる姿勢も重要ですが、**何より大切なのはプレゼンの本質を忘れないこと**です。「聞き手を動かすために行う」「伝えたい結論は明確にする」「結論・理由・具体例をわかりやすく」といった基本は、どんな場面でもないがしろにしてはいけません。まずはプレゼン内容のベースをブラッシュアップさせてから、聞き手に合わせていくのだということを忘れないようにしましょう。

覚えておくべき本質

伝えたい結論を明確に	論理をわかりやすく

このシステムを導入すべきです！

聞き手の分析はプレゼンが万全であってこそ効果を発揮する。伝えたいことを明確にしておく

話がわかりやすいことが、聞き手にとっては一番印象がいい。テクニックにばかりこだわらず、本質を大事にしよう

Point

☑ **プレゼンのルールが決められている**場合がある
☑ **部署ごとの特徴やルールを尊重する**
☑ **環境が変わってもプレゼンの本質を忘れない**

相手の課題を理解する

• 徹底的に分析するための手法

相手の状況を分析し、深い理解のもとにプレゼンをしましょう。分析にはいくつかの手法があり、これらを「フレームワーク」といいます。**フレームワークを行えば、必要な要素を見落とすリスクが減る**ことが期待できます。独自の分析法では、着眼点がずれるなどのリスクがあります。フレームワークを用いて、分析をしてみましょう。

• 3C 分析で取引先の状況を理解する

3C 分析とは、マーケティングなどで使われるフレームワークです。Customer（取引先の市場・顧客）、Company（取引先）、Competitor（取引先の競合）を分析し**会社の内外の状況を理解**します。まずは市場・顧客から分析し、市場規模や成長性、顧客ニーズなどを押さえておくと、取引先やそのライバルについての理解が進みます。競合では、売上や製品、サービスの強み・弱みを分析します。これらの情報をもとに、取引先の強みや弱み、経営戦略を分析していきます。

• 4P 分析で提案力を上げる

4P 分析とは、Product（製品・サービス）、Price（価格）、Place（販売場所）、Promotion（販促活動）を分析する手法です。マーケティング施策を考える際に用いられ、活用するとさまざまな視点から売上アップのための提案ができます。**それぞれの「P」に対して、どんな改善点があるのかを、3Cで分析した情報をもとに考えてみましょう。**

必要なことを見極める3C分析

Customer
取引先の
市場・顧客

Company
取引先

Competitor
取引先の競合

3つの視点から分析すると、多角的に取引先が置かれている現状を理解できる

売上増のための4P分析

Product（製品・サービス）

ターゲットや自社の強みを意識した開発ができているかなどを分析する

Price（価格）

価格の設定は適切か、サブスクリプションなどの手法は取るべきかなどを分析する

Place（販売場所）

顧客へのアプローチがしやすいか、流通上のコストは抑えられているかなどを分析する

Promotion（販促活動）

ターゲット層に、強みや他社製品との違いが伝わる販促活動が行えているかを分析する

Point

☑ **フレームワーク**を使い、取引先を分析してみる
☑ 深い分析が聞き手からの**信頼獲得**につながる
☑ **3C分析**や**4P分析**の手法を活用するとよい

プレゼンの可否を判断する キーマンを4タイプに分類する

　キーマンの思考に適したプレゼンができれば、採用確率は高まるでしょう。大脳生理学の研究をもとに開発されたハーマンモデルでは、人の思考を4つに分類しています。

　ひとつ目は「論理型」です。経営者や財務管理者に多く、提案の面白さより、提案の裏づけが重要です。2つ目は「堅実型」です。システム部門の人に多く、プロセスを重視する傾向があり、スケジュールなどに無理があると採用されません。3つ目は「独創型」です。デザイナーなどに多く、独創的な提案を好む傾向があり、ビジョンや想いを伝えるのが重要です。最後は「感覚型」です。営業経験者に多く、周囲との関係を気にする傾向があります。なので、周囲からの反対が出ないように事前に根回ししておきましょう。

よく使う言葉からキーマンのタイプを分類する	
論理型	「理由は？」「数字はある？」「責任は持つ」
堅実型	「時間厳守」「いつものやり方で」「前例は？」
独創型	「面白そう」「この方法試そう」「思いついたんだけど」
感覚型	「みんなでやろう！」「気軽に相談して」「飲みに行こう」

理由は？

○○さんは論理型で△△さんは独創型かな？

面白そう

\ 視覚に訴えれば成功率大幅アップ /

プレゼンの
資料作成術

プレゼンは内容だけ整っていればうまくいくものではありません。相手に伝わる資料を用意できるかが、成功するかどうかの分かれ道です。視覚的にも優れたプレゼン資料は、話し手を助ける武器になります。よいプレゼン資料はどんなものかを理解しましょう。

プレゼンのゴールを決める

● ゴールから逆算して考える

プレゼンはキーマンを動かすなどのゴールを設定して内容を考えはじめますが、同じように資料づくりも、キーマンを動かすというゴールに到達できるようにつくります。プレゼンを採用してもらうためにキーマンの興味を引く項目を資料に入れ込むといった、**逆算の考え方がプレゼンの資料づくりには必要**なのです。ゴールを達成するために必要な要素を考えながら、資料作成を進めましょう。

● 6W2H でできるだけ具体的に設定

ゴールの設定のためには、パワポで資料をつくる前に Why（なぜ）、Where（どこで）、When（いつ）、What（何を）、Whom（誰に）、Who（誰が）、How（どのように）、How much（いくら）の **6W2H の設定が必要**です。この 8 項目を入れ込むと企画の概要が具体的になり、漏れがなくなるからです。

● 「What」「Who」「Why」は必須

6W2H の中でも必須なのが、「What（何を）」「Who（誰が）」「Why（なぜ）」です。**この 3 つは企画の骨子**であり、これが具体的に入っていない企画は問題外です。Where（どこで）、When（いつ）、Whom（誰に）、How（どのように）、How much（いくら）は、報告型プレゼンであれば具体例がなくても構いません。あなたが行うプレゼンに必要な要素を考えて適切に組み込みましょう。

相手のゴールまでのステップから考える

プレゼンする相手のゴールまでのステップは以下の通り。それぞれのステップで必要な相手が考えることがそのまま、資料に必要なことになる

資料をつくる前に6W 2Hで考える

提案する内容は以下の6W 2Hを網羅しているか作成をはじめる前にチェック！

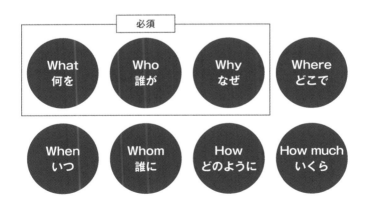

Point
☑ プレゼンの資料づくりには逆算の考え方が必要
☑ 資料づくりの前に 6W 2H を設定する
☑ 「What」「Who」「Why」が企画の骨子

第6章 プレゼンの資料作成術

スライドの枚数は 10 枚以内 !?

● 聞き手の負担を意識する

　プレゼンで重要なのは「相手のことを考える」ことです。プレゼンで採用されるには相手にメリットがあることが重要ですが、いくらメリットがあっても分厚い資料を読まされたり、長時間にわたって話を聞かされるのは、**相手にとって苦痛**でしかありません。聞き手に負担をかけないのも大事なポイント。本文スライドは 1 スライド 1 分で説明できる内容で、それを 10 枚以内に収めましょう。

● 1スライドにメッセージはひとつ

　プレゼン資料では 1 枚のスライドにメッセージがたくさんあるのは NG です。なぜなら、「どれが一番大切なのか？」と聞き手に考えさせてしまうからです。それを防ぐために、「**1 スライドには 1 メッセージ**」を徹底しましょう。メッセージは長い文章より短いキャッチコピーのほうが伝わりやすいです。

● スライドの切り替わりで退屈を防ぐ

　プレゼンの資料づくりでは「聞き手の集中力」についても考えなくてはいけません。スライドの枚数が少なくても長文や文字だけのスライドが続くと、聞き手は**飽きて集中力が落ちて**しまいます。それを避けるためには、スライドの切り替わりで変化をつけるのが有効です。新しいスライドに切り替わるたびに「次はどうなるのだろう」と期待させることを意識しましょう。

聞き手の負担を考える

相手が負担を感じるのは「拘束されること」「労力を必要とすること」「判断を強いられること」「話を聞かされること」など。自分でできることを考える

時間を拘束される	読む資料が多い	判断を求められる	長時間話を聞かされる
↓	↓	↓	↓
読む量を減らす	ページ数を減らす	判断材料を明示する	テンポよく話す

スライド内ではメッセージはひとつ

スライド内にメッセージがたくさんあると「読み手に文章を読んで判断させる」という負担を強いることになるので、わかりやすくメッセージはひとつに

メッセージが複数

○○は△△である

△△は××に通じる

××には□□が必要である

どれが正解？

メッセージがひとつ

××には□□が不可欠

そうなのか！

Point 👆

- ☑ **長すぎるプレゼンは相手にとって苦痛**
- ☑ **1スライドには1メッセージが有効**
- ☑ **切り替わりで相手の集中力切れを防ぐ**

やりやすい型に当てはめる

● まずは型に落とし込む

　プレゼンには、「導入」→「要点」→「詳細」→「具体例」という**大まかな流れ**があります。それぞれのブロックで「結論・理由・具体例」の論理構造（68 ページ）を保ったうえで、流れに沿って資料や説明を進めるのが基本形です。さらに「詳細」はひとつの主張に対して 3 つの理由を提示するピラミッド構造になるようにつくります。

● 型を使うメリット

　論理構造が明確だと、理解してもらいやすくなります（68 ページ）。また、**プレゼンの型には入れるべき項目が網羅されている**ので、入れるべき項目に悩むこともなくなり、効率的に資料づくりが進められるというメリットがあります。情報の抜け漏れの防止にもつながるため、型を使う習慣をつけるといいでしょう。

● 過去のプレゼン資料も利用する

「報告型」「説得型」のどちらであっても、プレゼンは型に当てはめることで作成できます。しかし、型に当てはめるだけでなく、**過去のプレゼン資料を利用する**と先輩や上司が過去に作成したプレゼン資料の結論と理由のピラミッド構造や具体例の解説などを参考にすることができ、より効率的に資料作成が進められます。また、過去のプレゼンで提示した具体例が成功していた場合、成功例として利用することができて一石二鳥です。

プレゼン資料の大まかな流れと事例

6W2Hのチェックで必要な項目の抜けがなければ資料づくりのスタート。以下の流れのどこに必要な項目が入るかを確認して、各スライドを作成していく

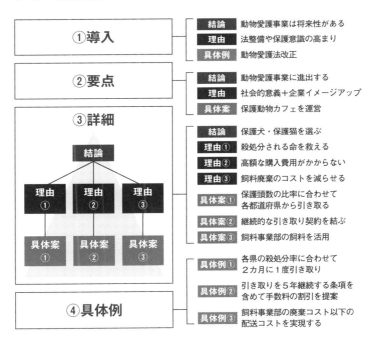

①導入
- 結論 動物愛護事業は将来性がある
- 理由 法整備や保護意識の高まり
- 具体例 動物愛護法改正

②要点
- 結論 動物愛護事業に進出する
- 理由 社会的意義+企業イメージアップ
- 具体案 保護動物カフェを運営

③詳細
- 結論 保護犬・保護猫を選ぶ
- 理由① 殺処分される命を救える
- 理由② 高額な購入費用がかからない
- 理由③ 飼料廃棄のコストを減らせる
- 具体案① 保護頭数の比率に合わせて各都道府県から引き取る
- 具体案② 継続的な引き取り契約を結ぶ
- 具体案③ 飼料事業部の飼料を活用

④具体例
- 具体例① 各県の殺処分率に合わせて2カ月に1度引き取り
- 具体例② 引き取りを5年継続する条項を含めて手数料の割引を提案
- 具体例③ 飼料事業部の廃棄コスト以下の配送コストを実現する

過去の資料を参考にするメリット

必要項目がそろっている	構成を参考にできる	過去の例として使える

Point
- ☑ 導入→要点→詳細→具体例が基本形
- ☑ 型には入れるべき項目が網羅されている
- ☑ 過去のプレゼン資料も併用する

スッキリ見やすいを心がける

• かっこよさよりわかりやすさ

　わかりやすいプレゼンの資料には**「スッキリ」「見やすい」という共通点があります**。かっこいいデザインがわかりやすいとは限らないので注意しましょう。また、キャッチコピーや解説文なども、英語や造語、専門用語などはわかりにくい場合があるので、誰でもわかる簡潔な言葉を使うようにします。

• 必要な情報だけ載せる

　スライドの枚数が多くなりすぎたり、ひとつのスライドにいくつもメッセージがあったりするとわかりにくくなるように、1枚のスライドの中に情報が多すぎると、**何がポイントなのかがわかりにくく**なります。そのため情報は取捨選択して、必要なものだけを入れましょう。補足説明が必要な場合は別紙で「補足資料」を用意し、そこに掲載します。また、「ひとつのスライドにひとつのメッセージ」の原則に従い、複数の根拠を同じスライドに入れ込むのは避けましょう。

• ひとつのスライドにひとつのグラフ

　ひとつのスライドに情報を盛り込みすぎないようにするのと同じように、スライドに**グラフをたくさん入れるのは NG** です。これは、グラフには情報がたくさん含まれているので、複数のグラフを入れると情報過多になるためです。ひとつのスライドにはひとつのメッセージを補足するグラフひとつに留めるのがおすすめです。

1スライドに入れるグラフはひとつ

スライドに占めるグラフの面積はそのまま印象の強さになるため、同じ大きさのものを2つ以上入れると、グラフやメッセージの印象が弱まってしまう

✕ 左右どちらがメインかわからず、伝えたいメッセージが何かわからない

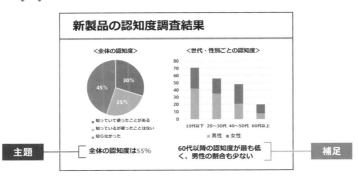

◯ 伝えたいメッセージをグラフが効果的に補足している

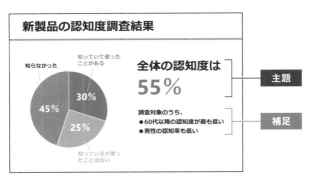

Point
☑ かっこよさよりも、わかりやすさを重視する
☑ スライドに載せる情報は取捨選択する
☑ グラフは1スライドにひとつがおすすめ

第6章

プレゼンの資料作成術

141

図 **6-5**　過度な装飾は NG

図形はシンプルなものを使う

● 塗りつぶしか枠線かを選ぶ

　プレゼン資料をつくることが多いパワポには機能が多く、図形も多くの種類が用意されています。枠づくりは、形を選び、枠線や塗りつぶしなどを選びますが、塗りつぶしに色枠などの**過度な装飾は禁物**です。色が多くなりすぎると主張が強くなってしまい、余計な情報になってしまうからです。

● 矢印は目立たないものを使う

　プレゼン資料で枠と同じようによく使われるのが矢印です。枠と同様に図形として用意されており、形を選んで枠線や塗りつぶしなどが選べます。デザインが凝った矢印もありますが、矢印は流れを表す記号でしかなく、プレゼンのスライドでは**悪目立ちしてしまうので使用は避けましょう**。プレゼンでは線の矢印か三角形など、目立たないものを使うのが無難です。

● 丸は「楕円」ではなく「真円」を

　パワポで選べる図形の中には円もあり、マウス操作で好きな形にできます。やりがちな失敗として挙げられるのが、中に文字を入れるために横長の楕円の形にしてしまうことです。サイズを整えるのが難しいためにスライドごとに差が出てしまい、ちぐはぐな印象をあたえてしまいます。**きれいな円で整った印象を出す**ため、楕円ではなく真円を使うようにしましょう。

シンプルな図形を選ぶ

図形は中に文字を入れたりするため、形状で目を引くとそちらに意識が行ってしまい、
内容が頭に入ってこなくなるのでシンプルなものを選ぶ

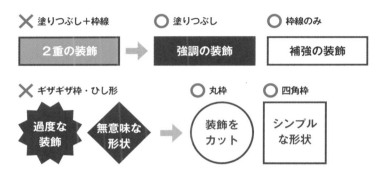

楕円は真円に、矢印はシンプルに

楕円や変形矢印を使うとその中の文字に意識が行かなくなるので NG

✕ 楕円や変形矢印は内容が目に入らない

◯ 真円とシンプルな矢印は内容に意識が向く

Point
☑ 枠の過度な装飾は禁物
☑ 矢印は**悪目立ち**を避けてシンプルに
☑ きれいな円で**整った印象**をあたえる

数値はグラフ化する

● 数値は主張を目立たせるのに効果的

ビジネスの世界では、数値は主張の根拠として非常に効果的であり、すでに説明したようにプレゼンでも数値を提示することは大切です。しかし、数値は単純に説明文に入れ込んだり、エクセルの表組みをそのまま入れたりするだけでは十分ではありません。**数値はパッと見ただけですぐわかるようにグラフにする**のがポイントです。数値をグラフ化することで、数値同士の比較が一目でわかるようになります。

もうひとつのポイントは、プレゼンで使用する数値の選び方です。プレゼンでは事実を示すためではなく、**数値は主張を目立たせるために使用**するようにしましょう。そのため、事実を表す詳細な数値は「補足情報」に留め、本編のスライドでは主張の補足に効果がある数値を抜き出しましょう。強調したい数値のみをプレゼンでは用い、相手の印象に残るようにして、何を伝えたいかを明確にしましょう。

● 目盛りや線の太さにも気を配る

数値をグラフ化する際には、割合を示すなら円グラフ、量の変化を表すなら棒グラフなど、適したグラフを選ぶことが大事です。「ひとつのスライドにはひとつのグラフ」の原則に従い、1種類で必要な数値を表現できるグラフを選びましょう。

また、図形と同じく、3D表示や複数の情報を表示する複雑なものではなく、**グラフはシンプルなデザインのもの**を選びましょう。目盛りや線の太さもテンプレートのままではなく、見やすいように調整する必要があります。

プレゼンには向かないグラフ例

パワーポイントやエクセルのグラフ機能には多くの種類があるが、パッと見て横軸との関係性がわかりにくい立体や理解しにくい2軸グラフなどは使わない

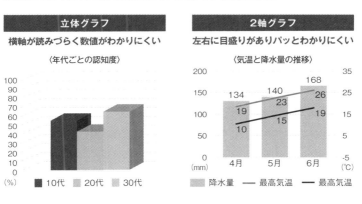

グラフは見やすく加工する

パワポやエクセルのグラフは、色づかいや文字の大きさ、配置・余白など、そのままだと理解しにくいので、調整する必要がある

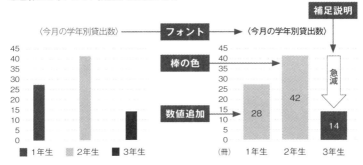

 Point
☑ 数値はすぐわかるようにグラフにする
☑ 数値は主張を目立たせるために使う
☑ グラフはシンプルなデザインに

余白を意識してつくる

● 読みたくなるデザインを優先

プレゼンのスライドの基本は「読みやすさ」です。文章の長さや色、図形の形などと同じように、デザインはシンプルにするほど読みやすさが増します。そこで大切なのがスッキリとしたレイアウト。端まで文字がびっしり埋まったスライドより、**適度に余白があるほうが読みやすい**のは明らかです。そのため、文章をシンプルにして文字数を減らし、余白をつくるようにするのが基本になります。

● 文字サイズで余白を生み出す

文章を削ることができないときに余白をつくるには、**文字サイズを小さくする**という方法があります。余白があることで窮屈な印象をなくすことができますが、文字の視認性がやや下がるので注意が必要です。しかし、見出しの視認性はデザインで増やせますが、余白はデザインでは増やせません。読みやすさを重視するなら文字を小さくするのが正解なのです。

● スライドの枚数を増やす

文字サイズを小さくしても余白がつくれない場合は、**スライドの枚数を増やしましょう**。文字数を減らすことも、文字サイズを小さくすることもできない文章であれば、スライドの枚数を抑えることよりも増やす選択肢を選ぶのが正解。あとから調整する必要がないように、最初から余白を取ったレイアウトをつくるようにしましょう。

余白をつくるには文字数を減らすのが基本

余白がなく文字がぎっちりと詰まったスライドは読みにくい。文章量を減らすのはもちろん、箇条書きにまとめるほうが読みやすさもアップする

余白がないスライドの場合

伝えたいことが整理できていない

「余白がない」とは、余白がゼロという意味ではなく十分な余白がない状態のこと。一番の原因は文字の多さだが、文字が多くなる最大の理由は、文章を短くできないこと。伝えたいことが整理できていないことが原因。長い文章は読み手の集中力を奪ってしまうので、まずは文章を要素別に分解する。分解した要素を上下で並べ、必要度に応じて優先順位をつけ、優先順位が低いものは省く。優先順位が低くてもどうしても必要な情報であれば、補足情報ページへの誘導を設け、補足情報ページで掲載する。

余白がないスライドは行間も狭いことが多い

余白がないスライドでよくある失敗が、行間が狭くて文字が読みにくいこと。行間は通常どおり（行間1.0）だとプレゼン資料では狭く感じてしまうので行間を広げて読みやすくするというのも手間も必要になる。行間を変更するには「段落」メニューの「インデントと行間隔」を選び、下段の「間隔」の「行間(N)」を「1行」から「倍数」に変更し、右にある「間隔(A)」を1.2〜1.3に変更すると、行間を広げることができる。この操作ウインドウは、上部カラムメニューボタンにある·-·の「行間のオプション(L)」を選択することでも開くことができる。

余白があるスライドの場合

伝えたいことを整理して文字数を減らす

- 余白を確認して、入れられる文字の量を確認する
- 上下左右の余白と、行間を先に設定するとあとで調整しなくて済む
- 文章よりも箇条書きにしたほうが文章をまとめられる
- 長い文章は、要素を箇条書きで書き出し、優先順位をつける
- 優先順位が低い要素は省くか、補足情報に回す
- 行間は「段落メニュー」で「1.2〜1.3倍」に設定する
- 余白をつくるときは「表示」メニューにある「ガイド」を使う
- 文字数を減らすことができれば、文字サイズも大きくできる

文字サイズを下げるだけで余白はつくれる

文字数を減らせない場合は文字サイズを下げる。全部のテキストをセットでサイズダウンすると、タイトルや小見出し、解説文のバランスも崩れない

2段階サイズダウン

要素が削れないときの余白のつくり方

伝えたいことを整理して文字数を減らすのが基本

- 長い文章は、要素を箇条書きで書き出し、優先順位をつける
- 優先順位が低い要素は省くか、補足情報に回す

機能を利用して余白や行間の余裕をつくる

- 行間は「段落メニュー」で「倍率1.2〜1.3倍」に設定する
- 余白をつくるときは「表示」メニューにある「ガイド」を使う

後から入れる要素が増えても対応できるようにする

- スライド上下には日付やページ数などを後から入れることもある
- 注釈などを入れる可能性も考えて上下の余白は多めに取っておく
- 上下の余白とバランスが取れるように左右の余白をつくっておく

要素が削れないときの余白のつくり方

伝えたいことを整理して文字数を減らすのが基本

- 長い文章は、要素を箇条書きで書き出し、優先順位をつける
- 優先順位が低い要素は省くか、補足情報に回す

機能を利用して余白や行間の余裕をつくる

- 行間は「段落メニュー」で「倍率1.2〜1.3倍」に設定する
- 余白をつくるときは「表示」メニューにある「ガイド」を使う

後から入れる要素が増えても対応できるようにする

- スライド上下には日付やページ数などを後から入れることもある
- 注釈などを入れる可能性も考えて上下の余白は多めに取っておく
- 上下の余白とバランスが取れるように左右の余白をつくっておく

Point
- ☑ 適度な余白で読みやすさをアップ
- ☑ 文字を減らす、小さくするなどして余白をつくる
- ☑ 場合によりスライド枚数を増やす

グループごとにまとめる

● 読み手のストレスを減らす

きちんと余白もあって一見整っているように見えるレイアウトでも、相手にストレスをあたえてしまうのが、まとまりがないスライドです。小見出しと本文が複数あったり、グラフや写真などがある場合に、同じグループに属するものが一目でわからないと「次に読むところを探す」というストレスをあたえてしまいます。**スライドを見て直感的にまとまりがわかる配置**にすることを心がけましょう。

● まとまり感を出すためには距離感が大事

プレゼンのスライドでは、ページを見た瞬間に大まかな関係性がわかるレイアウトが大事です。方法は簡単で、小見出しと本文といった**関係性が深いものは近づけ、ないものは遠ざける**という配置の工夫でまとまり感を出すことができます。ただし、その距離感がバラバラだと直感的にグループ分けができず、ストレスを感じさせてしまうのでグループ同士の距離感はスライドの中で統一しましょう。

● キーボードの配置機能や矢印キーを活用

スライドのレイアウトで距離感と同様に大事なのが、**きれいに配置されているかどうか**です。文字や図などの並びや高さなどが微妙にズレていると読み手の集中力を損なってしまいます。複数の要素を整列することができる「配置」機能や、微調整が必要な場合は矢印キーを使って、「ガタつき」を感じさせないことも大切です。

人は距離感で関係性を判断する

人はパッと見たときに要素の関係性を「距離が近い＝関係性がある（グループ）、距離が遠い＝関係性がない（別グループ）」と直感的に認識する

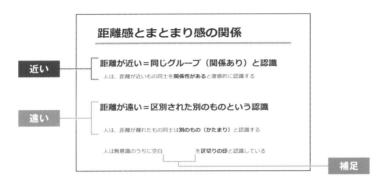

配置機能でガタつき感をなくす

文字や図の配置のガタつきは「図形の書式」メニューの「配置」でそろえる

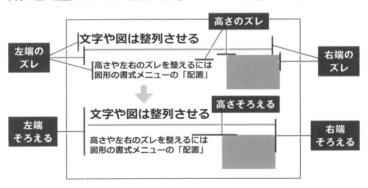

Point
☑ 直感的にまとまりがわかる配置に
☑ 関係性の違いを距離で表す
☑ ガタつきは集中力を奪う原因になる

図 6-9 ゴチャゴチャ感をなくす基本テクニック

使う色数を制限する

● 使用する色の数は4つまでに絞る

プレゼン資料で気をつけたいのが「目立たせたい」という思いで色をたくさん使った結果、かえってゴチャゴチャした印象をあたえてしまうことです。使うとしても**「メイン」「アクセント」「背景」「文字」の4色**までに抑えましょう。

それぞれの色には役割があります。「メイン」は全体の印象を決める色、「アクセント」は目立たせたいものに使う色です。「背景」とは逆に目立たせなくてよいものに使う色で、「文字」の色は基本的に黒になります。バリエーションを増やしたいときは、それぞれの濃淡を調整した色を使いましょう。淡い色は濃い色の意味を弱めた印象をあたえるので濃淡の使い分けには注意が必要です。また、提案先のイメージカラーを使い、場を和らげるなどしてもいいでしょう。

● メインカラーとアクセントカラーの関係

メインカラー選びにもいくつかルールがあります。ひとつ目が「**派手にしすぎない**」です。使う場所が多いメインカラーが派手だと、内容に集中できなくなります。2つ目が「**色の意味を考えて使う**」です。暖色・寒色による印象の違いや、色そのものが持つイメージなどがあるため、伝えたい内容と乖離がないように色を選びます。

色同士にも関係性があり、特定の色を引き立てる色を補色といいますが、**アクセントカラーはメインカラーの補色を選ぶ**のが基本です。悪い相性の色を使ってしまうと、色が見づらくなったり色が濁って見えてしまったりしてしまいます。

プレゼンで使用する4色

プレゼンで使用する色は以下の4種類。メインカラーは派手すぎないもの、アクセントカラーは目立つもの、背景はグレー、文字は黒が基本の4色となる

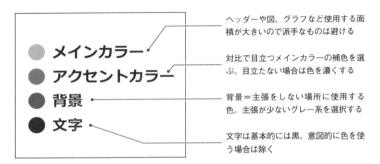

ヘッダーや図、グラフなど使用する面積が大きいので派手なものは避ける

対比で目立つメインカラーの補色を選ぶ。目立たない場合は色を濃くする

背景＝主張をしない場所に使用する色。主張が少ないグレー系を選択する

文字は基本的には黒。意図的に色を使う場合は除く

補色はカラーホイールで確認

色には自らの色と対極に位置する補色があり、補色を調べるにはカラーホイールというチャート図を利用する

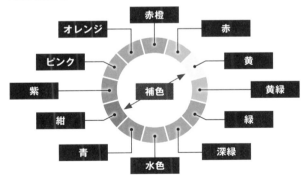

Point

- ☑ 色は「メイン」「アクセント」「背景」「文字」の4色
- ☑ 4色をそれぞれの役割に合わせて使う
- ☑ アクセントカラーはメインカラーの補色を選ぶ

意味によって色分けする

● 意味で色分けすれば見た瞬間にわかる

プレゼンの色の基本である4色のうち、メインカラーやアクセントカラーは**使い方に法則性を持たせる**ことが大切です。パッと目立つアクセントカラーは重要なことを示す強調の意味に、同格の文章が多いときには小見出しをメインカラーにして区切りの意味に、と色に意味を持たせることで、見た瞬間にどんな内容を示しているかが読み手にわかるようになります。

● ポジティブは青、ネガティブは赤

色の使い方で注意したいのが、色自体が持つイメージがあることです。よく使われる青や赤にも、「ポジティブは青、ネガティブは赤」「青は肯定、赤は否定」といったイメージがあり、青と赤を組み合わせることでさらに印象が強まります。**色自体のイメージと、使っている色のイメージが真逆だと違和感を抱かせて**しまいます。

● 赤は注意喚起や赤字の意味も

色づかいでもっとも気をつけなくてはいけないのが赤の使い方です。数字の色を赤字にすると、お金がマイナスの「赤字」の印象を持たれてしまう危険があります。また、信号機でも危険を意味するように、赤は自然界では注意を促す色です。注目を集めることができる一方で**「危険なもの」というイメージを持たれる**可能性があるため、ポジティブな内容を表す文字に使うのは避けましょう。

色づかいで一目で関係性がわかる

それぞれの見出しに同じように色を使っていることで4つのブロックが「同格（並列）」の関係性であることが一目でわかる

それぞれの色のイメージ

青
明るい青の場合、ポジティブなイメージを抱かせることができる。暗い青の場合、冷静さやマイナス感情などを連想させる

赤
明るい赤は活発な活動をイメージさせるほか、自然界では警戒色のため目を引くが、危険をイメージさせる色でもある

緑
見る人に安心感をあたえる心休まるイメージを抱かせる。また、自然の草木のイメージから成長を感じさせる色でもある

白
白は他の色に染まっていないイメージから清潔や無垢を連想させる。また、色がないことから空っぽという印象を持つことも

青と赤の対比イメージ

青と赤は対比で使われることが多く、セットにしたときには以下のように青がプラス要素、赤がマイナス要素のイメージを抱かれることが多い

ポジティブ／肯定
安全（青信号）

ネガティブ／否定
危険（赤信号）

☑ 色づかいに法則性を持たせる
☑ 色自体のイメージと意味をそろえる
☑ 赤は目立つが危険を想起させる面も

フォントをメイリオに統一する

● フォントは見やすさ・読みやすさで選ぶ

　余白や色だけでなく、「フォントの種類を変える」ことで**見やすさ・読みやすさをアップする**ことができます。通常、パワポで文字を入れる場合は明朝系よりも視認性の高い「游ゴシック」が自動で使われます。デフォルトで選ばれているものですが、そのままだと平凡な印象をあたえるのでフォントを変更しましょう。プレゼン資料のフォントは、游ゴシックよりも文字の形がはっきりしていて、さらに字間もゆったりしていて読みやすい「メイリオ」が最適です。

● 欧文や数字は「Segoe UI」に

　プレゼンの書体変更で気をつけたいのが、右ページの図でもわかるように、和文と英文もすべて同じにすると少し見にくくなる点です。欧文や数字は、**メイリオと相性のいい「Segoe UI（シーゴー ユーアイ）」**を選ぶとよいでしょう。

● フォントの簡単な変更方法

　フォントの変更をひとつずつ行うのは非常に手間がかかってしまいます。スライドの文字のフォントを一気に変えるなら、オブジェクト（文字ボックスや図形）を**全選択（Ctrl + A）してフォントを変更する**のが、おすすめです。全選択で図形が含まれていても、図形には文字が入っていないため問題ありません。効率的に資料をつくることができれば、内容の見直しやプレゼンの練習に時間が使えます。

大きさと太さで強弱をつける

「メイリオ」はデフォルトの「游ゴシック」より同じポイントでも形が大きく視認性が高い。ただし欧文は太って見えるので Segoe UI がおすすめ

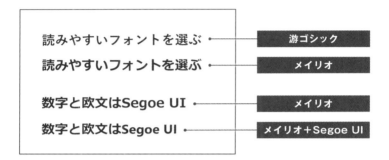

フォントを一気に変更する

フォントをひとつずつ変更するのは面倒なのでスライドごとにメイリオに一括変換するのがおすすめ。その後、必要なものだけ個別に Seogoe UI に変更する

Ctrl+Aで全選択　　**メイリオを選択**

Point
☑ プレゼンのスライドには「メイリオ」が最適
☑ 数字や欧文は「Segoe UI（シーゴー ユーアイ）」に変更
☑ 全選択（Ctrl＋A）してフォント変更で時短に

伝えたいメッセージは文字を大きく

● 大事なメッセージは大きくするのが基本

プレゼン資料のように文字が並んでいる場合、人の目は目立つものを優先的に拾い上げる傾向があります。つまり、大きな文字から先に目に入るということです。

この傾向を利用して、**伝えたいメッセージは大きな太文字にする**ように意識しましょう。どの文字を大きくするかは、「タイトル」「キャッチコピー」「見出し」をイメージするとわかりやすいでしょう。一目でわかる文字の大きさにするには、最低でもほかの文字の 1.5 倍、目安としては 2 倍くらいの大きさが必要になります。

文字の大きさが差別化できていないと、文字サイズのガタつきや、統一ミスだと思われてしまい、せっかく作成した資料の評価が下がってしまい、プレゼンの失敗にもつながりかねません。

● 強弱に法則性を持たせて役割を明確に

文字サイズの大小をつける場合は、法則性を持たせることが大事です。「主張」と「根拠」のように主従がある関係なら「主張」のメッセージを一番大きく、そのメッセージを導くための「根拠」を二番目の大きさにしてみましょう。

このように、**文字の大きさや太さで重要度や主従関係を示す**ようにすると、パッと見たときに主張や根拠が理解してもらいやすくなるのでおすすめです。

このとき、「根拠」が複数ある場合には、**文字の大きさや太さを同じにすると同格**であることも同時に表現できます。

大きさと太さで強弱をつける

文字の大きさと太さを変えると、強調したい（伝えたい）メッセージが明確になり、読み手が考える負担を減らすことができる

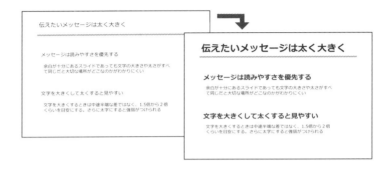

強弱で重要度を表現できる

文字の大きさや太さの強弱をつけると、目立つもの＝重要ということが表現できる。主従関係を逆転するような強調（色など）は混乱を招くので NG

☑ 伝えたいメッセージは**大きな太文字**にする
☑ 文字の大きさで**重要度や主従関係**を示せる
☑ 同じ大きさと太さにすると**同格**と表せる

メッセージは 15文字以内に収める

● 人が一度に理解できるのは15文字程度!?

　近年、「人が一瞬で理解できるのは15文字程度」と一般的にいわれるようになりましたが、プレゼンのメッセージでも同じです。スライドが切り替わるたびに相手はメッセージを読みますが、一番大きく表示されている**メッセージが長いと一瞬で理解することができません**。スライドが切り替わった瞬間は、一番相手が集中するタイミングですが、長い文章はその集中力を途切れさせて印象を弱めてしまいます。

● 一瞬で読める文字数にするコツ

　メッセージを短くする方法には、**「平仮名よりも漢字にする」「主語と述語をカット」**という方法があります。ひとつ目は単純に漢字にするだけでなく、「わかりやすい文章」を「平易な文章」といったように言い換えることも含みます。2つ目は、「弊社は2倍の利益を提供します」というメッセージから「2倍の利益を提供」というように、主語と述語を省いても意味が変わらないようにします。

● 短くするときは数字を丸める

「1万9860人のお客様が利用しました」では印象がぼやけてしまうので、「2万人のお客様が利用しました」としましょう。ただし、104ページで紹介したように、数字にリアリティを持たせる、相手が正確な数字を知りたがっている場合はそのまま伝えたほうがいいです。**伝えたいことや相手が求めることを考えて**数字を使いましょう。

1 行で収まる文字数が見やすい

パワポで文字が読みやすい下限はフォントサイズが 40 ポイントくらい。A4 サイズの横向きスライドだと 15 文字程度で 1 行に収まるのが目安

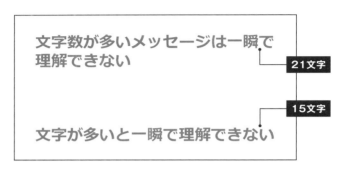

主語・述語のカットと数字の扱い方

主語と述語を省いても意味が通じる場合は、カットしても OK。数字は端数をまとめたり、略すことで短くできる

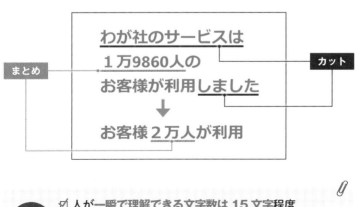

Point
☑ 人が一瞬で理解できる文字数は 15 文字程度
☑ メッセージを短くするコツは言い換えと省略
☑ 短くするときも数字を残す

参考文献・参考サイト

『社内プレゼンの資料作成術』前田 鎌利（著）／ダイヤモンド社／ 2015 ● 『いちばんやさしい資料作成＆プレゼンの教本 人気講師が教える「人の心をつかむプレゼン」のすべて』高橋 惠一郎（著）／インプレス／ 2019 ● 『1 分で話せ 世界のトップが絶賛した大事なことだけシンプルに伝える技術』伊藤 羊一（著）／ SB クリエイティブ／ 2018 ● 『博報堂スピーチライターが教える 5 日間で言葉が「思いつかない」「まとまらない」「伝わらない」がなくなる本』ひきた よしあき（著）／大和出版／ 2019 ● 『人が動きたくなる言葉を使っていますか』ひきた よしあき（著）／大和書房／ 2021 ● 『世界最高の話し方――1000 人以上の社長・企業幹部の話し方を変えた！「伝説の家庭教師」が教える門外不出の 50 のルール』岡本 純子（著）／東洋経済新報社／ 2020 ● 『博報堂スピーチライターが教える 口下手のままでも伝わるプロの話し方』ひきた よしあき（著）／かんき出版／ 2019 ● 『一生使える話し方の教科書 成果が上がる』秋田 義一（著）／現代書林／ 2021 ● 『たった一言で印象が劇的に変わる！話し方ドリル』神原 智己（著）／総合法令出版／ 2022 ● 『最強リーダーの「話す力」 誰から見てもリーダーらしく見える「話し方」の秘密』矢野 香（著）／ディスカヴァー・トゥエンティワン／ 2022 ● 『「説明が上手い人」がやっていることを 1 冊にまとめてみた』ハック大学 ぺそ（著）／アスコム／ 2022 ● 『一番伝わる説明の順番』田中 耕比古（著）／フォレスト出版／ 2018 ● 『大事なことは 3 語で伝えなさい 短い言葉は心に刺さる』野口 敏（著）／ PHP 研究所／ 2019 ● 『一目置かれる「会話力」がゼロから身につく！超一流の話し方見るだけノート』野口 敏（監修）／宝島社／ 2021 ● 『ビジネスで使える順 世界一やさしい PowerPoint の神ワザ見るだけノート』高橋惠一郎＠ ザ・プレゼン大学（監修）／宝島社／ 2022 ●【2022 年最新版】思考の整理にピッタリマインドマップツール 5 選 https://www.alleyoop.co.jp/blog/354/ ●リーダーが育つ組織を作るために気をつけるべきこと https://qumzine.thefilament.jp/n/n8f1caf072217

やさしい・かんたん　プレゼンテーション

2023 年 6 月 30 日　初版第 1 刷発行

編　者――――日本能率協会マネジメントセンター
©2023　JMA MANAGEMENT CENTER INC.
発行者――――張　士洛
発行所――――日本能率協会マネジメントセンター
〒 103-6009　東京都中央区日本橋 2-7-1 東京日本橋タワー
TEL：03-6362-4339（編集）／ 03-6362-4558（販売）
FAX：03-3272-8127（販売・編集）
https://www.jmam.co.jp/

装丁――――――山之口正和＋齋藤友貴（OKIKATA）
編集協力―――木村伸司、山﨑翔太、清水七海
　　　　　　　（株式会社 G.B.）、内山ゆうき
本文デザイン――深澤祐樹（Q.design）
DTP――――――G.B.Design House
印刷所――――シナノ書籍印刷株式会社
製本所――――東京美術紙工協業組合

ISBN 978-4-8005-9125-8　C2034
落丁・乱丁はおとりかえします。
PRINTED IN JAPAN